55歲第一次走朝聖之路，用自己的方式輕鬆完成

不必吃苦！跟庇護所、吃不好說 Bye，肉腳0基礎也能好好體驗

MOOK

目　錄
Contents

衝動 + 準備 =
找到你的朝聖之路

興智管理顧問社社長　何宇欣

　　聽到我的老朋友 Tina 要去西班牙朝聖之旅時，本以為只是又一次旅遊團的度假行程，沒想到卻是她的自助尋夢之旅。「這怎麼可能？講講而已吧！」我的心中滿是疑問，因為做夢這件事情對年輕人而言，是再簡單不過的事情，但對於邁入熟年的我們，卻是令人奢侈的特權，自助追尋夢想更是不切實際的幻想。但沒想到她真的順利成行了！！

　　上課時，我常會問中壯年的學員：「你退休以後要做什麼？」超過 9 成以上的回答都是：「四處走走、環遊世界。」我再問：「那為什麼現在不能去呢？」聽到的回應不外乎是：「工作忙、顧家庭、沒時間、錢不夠……」那等你退休了，就不用顧家人、就有足夠的時間跟金錢嗎？小時候，我們有時間卻沒錢去追夢；年輕時，沒時間也沒錢去追夢；中年時，有錢卻沒時間去追夢；老年時，有錢有時間，卻沒有健康去追夢。人生每個階段都有不同任務或責任，讓我們汲汲於現實中，逐漸忘卻自己的夢想，甚至少了做夢的勇氣。

　　其實，你我的心裡都有許多朝聖之路，但卻少了一份衝動與勇氣，

去面對及挑戰它；無論是想學的才藝、想讀的科系、想去的國家、想買的模型、想做的工作、想走的一段旅程，都在一次次現實的考量下妥協了。什麼時候，我們才要為自己踏上自己的朝聖之旅呢？！

　　從書中可以發現，要踏上一段朝聖之旅其實不難，「準備＋衝動」就夠了。準備在工作中，空出一段時間為夢想而活；準備在生活中，少買一支手機或一杯拿鐵為夢想而存；準備在人生中，放下一些現實壓力，為夢想留點空間。最重要也是最困難的是那一股衝動，我欽佩也羨慕 Tina 有那股衝動的勇氣，即便書中輕描淡寫的講述準備的過程，但你我都知道訂下那行程、坐上那飛機、跨出那一步的勇氣，才是你我所欠缺的。

　　這不僅是一本鉅細靡遺、講述完整的旅遊書，能讓我們做好踏上朝聖之旅的準備，最重要的是，能讓我們有踏上旅程的衝動與勇氣。最後，為 Tina 完成的朝聖之路感到開心，更期望你能在這本書中，找到屬於自己的朝聖之路。

你有夢想清單嗎？
已經完成了幾個？

太毅國際顧問集團執行長 林揚程

　　在夢想清單的探索中，我一直在思考是否應將朝聖之路（Camino）融入其中。擁有 37 個夢想，已實現 17 個，卻一直在猶豫這條特別的朝聖之路是否值得追求。

　　這搖擺的心情源於一位在公關界的高管好友的真實經歷。他曾是大陸上市建設公司的一名高薪高官，然而，為了追逐金錢，在大陸歷經 3、4 年的摧殘，最終不僅身體疲憊，還陷入法律糾紛，未得到應有的回報。

　　於是，他選擇了放飛自己，踏上了朝聖之路。在這條道路上，他彷彿化身為一位苦行僧，以背包客的方式行走。或許，他希望透過肉體的折磨來淨化靈魂，或許這趟旅程並非我所想像的那麼辛苦，但我總感覺朝聖之路需要充分的身體、精神和心理準備。

　　回來後，他送給我一枚鐵貝殼，象徵著朝聖之路的幸運，鼓勵我也踏上這條路。但我心裡想，或許那將是很遙遠的未來。鐵貝殼一直擱在一旁，未有機會進入我的夢想清單。

　　然而，生活總是充滿了意外，一位天使般的存在出現，告訴我：「去

吧，面對那經歷半生風霜的靈魂，好好與自己對話吧！」

　　Tina 以一種有趣且舒適的方式走完朝聖之路，成為自己的心靈導師，引領著自己和家人，以輕鬆的方式感受這條路的風景、旅人以及內在的奇妙。這不只是一本指引走向自我的操作手冊，更是一本輕鬆有趣的自我對話遊記。

　　原來，朝聖之路（Camino）並非我所擔心的那麼辛苦，反而是一段美好的旅程，一趟與自己對話的冒險。或許，追逐夢想的路途並非總是艱辛，而是一種與自己和這個世界對話的契機。或許，我該聆聽那位天使的勸告，勇敢地踏上屬於我的朝聖之路。

選擇屬於你的 Camino 自由式

黃玲蘭（Tina Huang）

　　會踏上這旅程，是個偶然，會完成這本書，更覺得不可思議。如果時光倒回 2022 年，我還是個對「Camino」渾然不知的小白。沒想到一晃眼，竟然寫了一本書。

　　走 Camino 之前，我發現坊間書籍和 YouTube，都是以一個人，背包客，住庇護所、吃超市的簡易食物或自行烹煮、走到哪睡到哪的資訊為主。強調以最少的花費、磨練吃苦、隨遇而安、自我挑戰的走完 30 幾天近 800 公里的行程。

　　雖然許多人對西班牙朝聖之路感興趣，卻不一定喜歡或是適合「自揹行李、隨機而住」的方式，遺憾的是，目前可以查到的資訊，大多屬於這類形態。而身為熟齡者的我，平日走路鍛鍊，心底仍渴望生命中有一些挑戰，期待能完成幾條經典路線。

　　我知道有些人和我一樣，旅行不希望有那麼多不確定性，休息睡覺喜歡有自己獨立的空間，因此想到住庇護所，就會怯步。但這次走下來，我驚訝地發現很多外國人，甚至 7、80 歲了，還是可以用他們的方式來走 Camino，而不被行李、庇護所等等所限制。因此，

我想跟大家分享的是：不管你幾歲，只要你想走，行李可以託運、可以住旅館、可以分段走、坐計程車或公車、可以享受美食……很多事情可以事先安排預訂，選擇不同的拼裝方式，讓自己好好專注在走路，享受 Camino 路上相遇的人和事，以及帶來的心靈洗滌。Camino 沒有屬於哪個特定年齡層，只要你想，都有屬於你的自由式。書中分為三章節：

第一篇「我 50+ 歲，走 Camino 真的可以嗎？」

　書寫如何起心動念、準備行程，和體力鍛鍊，並介紹朝聖之路的路線、行程、行李清單……

第二篇「Camino 的 XYZ 方程式，究竟該如何破解？」

　介紹朝聖之路的距離、天氣、旅館、飲食、遇到的人事物，讓讀者一覽行程中的不同面貌。

第三篇「Camino 之後，餘波盪漾……」

　分享回到台灣後，Camino 對人生的後續激盪。

　因為是夫妻同行，所以特別加入一欄從「Mr. K」視角補充的另類思維。讓想夫妻一起走 Camino 的讀者，也可以思考該如何安排？

　這次走完、回來台灣後，我驚訝的發現好多朋友們都對 Camino 充滿無比的興趣與渴望，卻因有限的資訊而躊躇不前。時逢疫情結束之際，相信大家都摩拳擦掌、躍躍欲試，想要來趟不一樣的旅行。希望這本書能對讀者帶來接地氣、第一手的資料，讓每個人都可以用最想要、最喜歡的方式，享受屬於自己的 Camino 旅程。

第一篇

我 50+ 歲，
走 Camino
真的可以嗎？

年過半百，不是運動咖，沒爬過百岳，也沒跟過媽祖繞境，想走 Camino，算不算是天方夜譚？

行李怎麼揹？住哪裡？吃哪裡？體力怎麼鍛鍊？堅持得下去嗎？還有上有老、下有小，牽牽絆絆一堆，該如何安排？

偶然的起心動念，一發不可收拾，夢想與現實之間的距離，就這麼慢慢地拉近了……

一切的起心動念，來自偶然

2022 年 8 月的某一天，我翻著家中收到的汽車雜誌，最後幾頁介紹著一個女子走朝聖之路的經驗，我突然萌生了一個念頭，也許我也可以去走走。

坦白說，我一直都是個運動神經不太好的人。要跑，跑不動；要游，游不成，所以成長過程中，體育課都是低空飛過，而我也興趣缺缺。直到大約 18

最初引發我動機的書

年前，那時因為工作壓力，加上喜歡晚睡熬夜，一度內分泌失調，說不上有什麼大病痛，卻小毛病不斷。看了許久的中醫，終於調理到一個程度，然後就開始痛定思痛的決定運動。

因為家住新竹，猶記得最初是爬住家附近的十八尖山，但走沒二次就放棄了，畢竟天氣太熱，又一個人走，挺孤單的。事後想想，可能是當時磁場未合。後來一時興起報名瑜珈課，沒想到就這麼持

續下來 18 年，從未間斷。接著是 7、8 年前，週末假日開始走路，奇妙的是，這次十八尖山走著走著就走出興趣，直至今日。

　　最有趣的是 2020 年，因為疫情之故，搭起了我和重訓的緣分，我的企業教育訓練工作，因為疫情幾乎全部停擺，也讓我有時間好好健身。記得那時每每看到手無縛雞之力的我，竟然可以在每一次、每一次的訓練中，負重增加，手臂變得越來越結實，還有最最吸引我的是，那種專注在肌肉發力和正確完成動作的當下，腦袋轉換成另一種模式的感覺。

　　沒想到瑜珈、健走、重訓，我變得好像是個運動咖，樂在其中。

刻在我心底的渴望

　　但最最渴望的還是想去跑馬拉松，尤其每次聽到 Podcast 有人分享跑全馬或是戈壁挑戰賽時，心中的羨慕萌起，我知道自己也很想去嘗試那種天高地闊，流淚流汗，放下心中框架，挑戰自我極限的活動。

　　我常常問自己：如果有一天，我真的參加了，那將是多麼有趣的經驗啊！（這是想像，我知道參加後一定不會這樣想）但現實是，因為近視上千度，視網膜脆弱，我是不適合長跑的。尤其 2021 年底，因為視網膜剝離的問題，緊急做了雷射治療，連重訓我都停止，跑全馬更是遙不可及。我必須接受自我的限制。

但是朝聖之旅不同，我可以用走的，想到要連續走 35 天的路，將近 800 公里，就覺得刺激和嚮往，我這肉腳走得完嗎？體力負荷得了嗎？人生地不熟，飲食會不會不習慣？……想太多就出不了門的，乾脆就行動吧！

我的旅伴 K 先生

K 先生是誰呢？其實他是我老公，也是我人生中最親密的神隊友，在科技公司工作，早期是個標準的理工男。但自從和我結婚 20 幾年後，在我人文素養的情感薰陶，和有時人來瘋的突發奇想刺激下，已經被鍛鍊成為兼顧理性和感性的 50% 暖男風格，也就是仍然保有忍不住的 50% 直男吐槽習慣。

K 先生這幾年一直想著要退休，卻又擔心退休後沒上班，重心就是 0 和 1 之間的全有和全無。所以當我有了這個點子後，決定邀他一起同行。

我跟他說：「我們一起去走西班牙 Camino 朝聖之路吧！」當然他從沒聽說過 Camino。聽完我介紹和解釋後，他說：「真的嗎？為什麼？為什麼你想去？」

我說：「一方面想嘗試突破自我的感覺，跑跳太刺激的我又不行，想想走路還行；一方面也想讓你有事情可以做，思考退休的可能性。所以，我們就去走 Camino，開始研究規劃！如何？」

我和 K

　　他應該也有點理智斷線，竟然答應地的說：「OK！」

　　於是，想法開始成形，行動就跟上腳步，這一天2022年8月16日，
成了我們朝聖之旅的最早起點。

我 的 最 佳 旅 伴
Mr. K's note

常見的朝聖之路 5 條路線

西班牙朝聖之路 (Camino de Santiago)，也有人稱之為聖雅各之路或聖地牙哥之路，是指前往天主教聖地之一，西班牙北部聖地牙哥 - 德孔波斯特拉 (Santiago de Compostela) 的宗教朝聖路線。常見的朝聖之路有以下 5 條路線：

Camino Frances（法國之路）：
這是朝聖之路中最著名的一條，全長共 779 公里。與其他路線相比，此路線的資訊較為齊全，大家也較為熟知。2010 年馬丁・辛（Martin Sheen）主演的好萊塢電影《The Way》也是以這條路為拍攝的場景。傳統上此路由從法國的聖讓皮耶德波爾 SJPP 開始，穿越庇里牛斯山脈後，沿著西班牙北部抵達聖地牙哥。

Camino del Norte（北方之路）：
這條路線由西班牙東北的聖塞巴斯提安 San Schastian 開始，沿著北方的海岸往西前往聖地牙哥。

Camino Primitivo（原始之路）：
這是一條從西班牙西北的奧維多 Oviedo 穿越加利西亞到聖地牙哥的路。這條路全長約 315 公里的路被認為是朝聖路線的第一條。也是朝聖之路中最美麗、最具挑戰性、最有價值的路線之一。

Via de la Plata（或稱為銀路）：
這條路橫跨西班牙，從西班牙南部的塞維亞 Sevilla 一直延伸到西部半島而到達聖地亞哥。全長約 1000 公里。追溯到羅馬時代，當時它是塞維亞和阿斯托加 Astorga 之間的主要貿易路

線。這個遙遠的路程中展示了西班牙豐富的文化遺產、歷史遺跡,以及自然美景。

Camino Portugues(葡萄牙之路):這是從葡萄牙里斯本出發,沿著葡萄牙大西洋海岸向北行進到聖地亞哥,全長約 600 公里。也有許多

人會由葡萄牙北部的波多 Porto 出發前往聖地牙哥,因距離較短,通常可在 14 天內完成。

這次我和 Tina 挑戰的是「法國之路」,選擇此路線的原因正是這條路線的距離夠長,相關資訊也最齊全。

萬事起頭難，
但開始了就沒這麼難

走朝聖之路？！玩真的？還是玩假的？

自從朝聖之路的想法萌生之後，其實日子也沒什麼不一樣。2022年年底疫情趨緩，很多工作又重新啟動，我是做諮商輔導和企業教育訓練工作的，因此相當忙碌，很多公司過去因為疫情停擺的實體課程，紛紛開展，我每天奔波在各家公司和各個課程之間。

但偶爾還是會和 K 聊聊關於走路這件事，我知道 K 一直想試探我是否把朝聖之旅當真？畢竟我不算是運動咖，加上如果真的要去走，至少要有 40 ～ 50 天不能工作授課，我真的放得下嗎？

我的父母和公公都已經 80 多歲了，身子雖然算是硬朗，但還是需要固定探望，孩子都已長大倒非難事。過去我和 K 雖然每年都會去國外旅行，但最多也只有 15 天，還是那種參加旅行團觀光，走馬看花，吃吃喝喝，住好吃好的行程，真的要每天揹著 5 ～ 8 公斤的背包，住庇護所多人同房，聞臭汗味，聽震天聾耳的打呼聲，翻越庇里牛斯山、在西班牙的小鎮穿梭、鄉間小路、山林原野走接近 800 公里的行程，我受得了嗎？

但也許是我太天真，說真的，我的心中都是美好的想像，晨霧瀰漫的美景，翻山越嶺的成就，二人為伴的天地之行……想著想著，就覺得此時不走，更待何時？年齡只會一年一年增添，體力只會一年一年衰退，現在就是最好的時刻。就決定明年出發吧，我心裡想：一切以明年的八九月為目標，全力邁進，即使最後不成行，好歹我也努力過，更何況萬事總要有個開始！

單純想要去走路的渴望

就這樣，K 開始利用閒暇時間閱讀相關書籍，看 YouTube 相關影片。不得不說，現在資訊真的很發達，上傳的影片很多，各路人馬的朝聖經驗五花八門，好處是讓想走的人有心理準備，缺點是上路時可能驚喜感會驟減。但無妨，我只是想去好好走路。

為什麼說：想好好走路呢？原因是搜尋之後，發現很多去走朝聖之路的，有的是事業生涯遇到瓶頸，有的是經歷離婚、喪親之痛，有的是對人生茫然，想透過走朝聖之路找到心中的黃箭頭，尋找自我的方向。那我呢？我想要什麼？ K 也問過我這個問題。說真的，我努力認真思考過，發現我只是想去走路，好好走路，和另一半好好地走路，和另一半為了一個有趣的目標，一起從現在開始往前推進，是不是太單純？但我喜歡這種單純。

單純來自想嘗試走 35 天的路，單純想著每天走路，認真地跨出每

朝聖之路上著名的黃箭頭

一個步伐，打開視聽味嗅觸覺來走路。

　　有時候想想，已經很久沒有單純的去做一件事了。童年的時候，渴望長大；青少年時，忙著過關斬將參加考試；進入大學時，幻想著浪漫戀愛。然後，出了社會、結了婚，責任一個個加，像個陀螺般的轉呀轉的，忙著累積工作經驗、忙著賺錢累積財富、忙著養大孩子……旅行也是，從收集觀光的國家數目，到收集各大名勝景點，收集品嚐的米其林星星，最後，我似乎只想反璞歸真地揹著背包，好好走路。

　　也許，很多幸福是來自一種單純的滋味，譬如食物，譬如人和人之間的相處，譬如旅行，譬如人生……

　　就讓我好好享受這份單純吧！

電影《The Way》朝聖之路

這是 2010 年由好萊塢男星馬丁·辛 Martin Sheen 及他的兒子艾米利奧·艾斯特維茲 Emilio Estevez 製作及拍攝的電影，敘述一個父親在兒子去世之後，帶著兒子的骨灰，完成兒子走朝聖之旅的遺願，在此我就不做太多的劇透。

雖然是小品電影，但很多朝聖者在踏上 Camino 之前，都會找這部電影來看。神奇的是，2022 年底，這部電影竟然在台灣的電影院重新放映，當時所有的人都衝去看《阿凡達2》，所以我和 K 去看這部電影時，偌大的電影院只有 5 個人買票觀賞。

如果有興趣來走 Camino 的人，建議行前不妨可以去租這部片子來看看，讓自己在走朝聖之路時，擁有另一種踩點的樂趣。

看過電影《The Way 聖雅各之路》嗎？主角 Tom 最後將兒子丹尼爾的剩餘骨灰撒在海邊的穆希亞 Muxia。

我 的 最 佳 旅 伴
Mr. K's note

說來容易，做來難！
有想法很棒，但是要如何執行？

從 Tina 開始丟出朝聖之旅的想法後，問題好像就落到我的身上了，我必須思考：什麼時候出發，行程如何安排，如何解決住宿問題，體力能否負擔，新冠疫情是否結束，行李該如何準備，備案是什麼等等。

在一切都是空白且身邊也沒有人走過的情況下，開始上網收集相關資訊並購買與朝聖之路相關的書籍，瀏覽一些 YouTuber 的分享，我對法國之路的整個行程慢慢開始有概念。但是問題來了，大部分的資訊都是以年

法國之路，全長 779 公里，從法國的 SJPP 出發，終點是西班牙的 Santiago de Compostela

走了 200 公里後的健行鞋，感覺有點小滄桑

輕人、背包客的方式來介紹，對年過半白的我們來說，不一定適合。內心很掙扎，但透過閱讀和收集資訊，至少我初步有了下列的概念：

◎朝聖之路上因為需長時間負重，揹在身上的行李，原則上不要超過自己體重的十分之一。因為最遠一天需走超過 30 幾公里，我們要提早鍛鍊腿力。

◎各種天氣的變化須列入考量，衣服的保暖、吸濕排汗和快乾與否，則參考前輩們的經驗來購買，但帶的越少越好。因為會有大大小小的碎石路，也可能遇到雨天，要穿著具備防水的登山鞋。

◎個人藥品部分儘量準備齊全。

◎登山杖可以在台灣買，或是到達 St. Jean Pied de Port（SJPP）再買，但一定要買。

人家說：「萬事起頭難」，但開始了就沒這麼難。

年少輕狂！
熟齡，也能來點瘋狂！

我是瘋子嗎？

　　每次，告訴母親我的一些想法時，她總是喜歡給我一句：「肖仔！」當然這次也不例外。

　　因為是個長達一個多月的旅行，加上父親已經 80 幾歲，母親也近 80 歲，而父親又是個諸事不管的清閒人，所以第一個報告的當然是我的母親大人。毫無疑問地，面對我為什麼要花錢找罪受，不好好的到歐洲、日本晃晃放鬆，卻要走個 700 多公里，母親是完全不能理解的，但她也知道擋不了我，所以「肖仔！」這是她第一個反應。

　　想想我在她的眼裡，還一直都是個瘋子。大學是公費生，念的是出來就有國中教職的師範大學，雖然必須要履行義務 5 年，但這樣人人稱羨的好工作，大部分的人一做就是一輩子。但教了 2 年之後，明明是保障就業，在學校也受到孩子和家長的喜愛和尊敬，偏偏我跟她說，我要離職，並且還要賠 3 年未履行義務的錢，說是想要到國外念諮商輔導。30 年前，「諮商輔導」是啥東西？能賺錢嗎？有必要放棄握在手中的穩定生活嗎？她的種種擔心只能化為一句「肖

仔！」希望這句話能讓我放棄。

但想飛出去的心沒有停下腳步，在我一邊教書一邊準備出國托福和申請過程中，她的聲音就漸漸沉默了，沉默算是一種默默支持吧。然後是回國之後到公司上班，後來又重新參加甄試回去高中教書，甚至為了二地相隔的婚姻，我決定離職轉回新竹私立五專任教，雖然公立到私立，少了很多保障，但這次的「肖仔！」在傳統的夫妻一體觀念下，母親縱然覺得遺憾，但未做反對。

接著是任教學校一路從五專，升格為科技學院，再升為科技大學，我從五專任教變為大學講師，在大學裡教書也算如魚得水，開立自己喜歡的課程，寒暑假還能休息，心理學的課程又讓我受到不少學生的喜愛，8 年的好日子，講師的專業形象，母親不懂為何我又突然提出想要離職，去做一個行動諮商心理師？

但其實沒說出口的是，我看到大學在少子化的衝擊下隱藏著危機；再者，教育已經變形，只在乎教授有沒有升等，不在乎教學教得如何；只在乎研究計畫和經費爭取如何，不在乎課程的內容和學生的學習。我知道喜歡教學的我，是越來越不適合這個環境了。雖然手上有幾個演講和企業的邀約，但是離開之後，少了大學教師的光環，真的可以嗎？諮商和企業教育訓練工作真的可以持續做大嗎？聽了我的決定之後，母親的擔心再度只能化為一句「肖仔！」

雖然有點瘋！偶爾喜歡脫軌演出的自己

　　坦白說，我承認我就是有點瘋，承認每次只要走在大家習慣的軌道一段時間後，就渴望往不一樣的路探索，雖然不是冒險刺激和離經叛道，但也不甘心活在原來的框架，總是想將腳踩出舒適圈，做點不一樣的！

　　想起年輕的時候，很喜歡普立茲獎詩人佛洛斯特的一首詩《未走之路》：

金色的樹林裡有兩條岔路，
可惜我不能兩條路都走過，
我久久站在那分岔的地方，
極目眺望其中一條路的盡頭，
直到路的轉角消失在樹林深處。
然後我踏上了另一條，
這條路或許更值得我嚮往，
它荒草叢生又人跡罕至，
不過說到其冷清與荒涼，
這兩條路幾乎是一模一樣。
那天早晨兩條路都鋪滿落葉，
落葉上都沒有被踩踏的痕跡，

唉～我把第一條路留給未來，

我知道人世間阡陌縱橫，

可我不知是否還能重回此處，

我將會一邊嘆息一邊述說：

在多年以後，

樹林中有分岔的兩條道路，

我選擇那條人跡稀少的行走，

所以讓結果截然不同。

也許這首詩在我的心裡總是隱隱發酵著，讓我偶爾也想瘋一下。

有人曾經問我，當我在做選擇的時候，總是知道自己的選擇是正確的嗎？

坦白說，我是不知道的。我只知道，選了就要全力以赴，讓它成為我最好的選擇；錯了，就在下一次的選擇時，好好的思考。這樣一路走來，我的人生，從來沒有讓我失望過。

所以，「肖仔！」又何妨，就讓我朝聖之路再瘋一次吧，讓我再次享受不一樣的人生！

我 的 最 佳 旅 伴
Mr. K's note

我們真的是瘋子嗎？

　　因為我跟岳母處得還不錯，所以她在我面前也不用演很大。

　　從 Tina 提到要去西班牙走 779 公里開始，我最常聽到她說的就是「肖仔」這句話，她覺得出國就是要輕輕鬆鬆，走走看看就好。花那麼多的時間跟金錢去國外走路，真的是神經病。一開始她只是一直說我們是肖仔，後來發現一直講也沒用，就開始提議新方法了。例如，你們可以去日月潭或阿里山走，不然去日本或是美國也行，這樣安全又省錢。跑這麼遠去走路，萬一生病怎麼辦，遇到壞人怎麼辦，回來沒工作了怎麼辦……

　　我想得比較簡單。萬一今年我們沒去，老婆以後都怪我該怎麼辦？

再瘋一次吧！享受不一樣的人生

小孩才做選擇，雖然我是大人但也不能全都要！

不小心大包小包，原來我想帶的是安全感啊

　　準備前往朝聖之路的旅行時，最特別的就是這次不能帶大行李箱，只能揹著健行包，加上過去自己也不是爬百岳的登山者，所以所有的配備必須規劃和採買，尤其查閱很多資料都建議，最適合的重量就是自己體重的十分之一。在重量的限制之下，揹在身上的東西，更是需要精準，不能多餘。

　　雖說很多前輩都在影片或是書籍中分享自己邊走邊丟的過程，描述自己如何在掙扎中學會了取捨，學會了原來生活中真正需要的東西是不多的。但坦白說，我還是不喜歡把好好的東西給丟棄。不如就從準備過程中開始學習選擇和取捨。

　　於是我們看了很多走過的分享資料，交叉計算著衣服、褲子要帶幾件，材質是否吸濕快乾？重量能輕則輕，一項一項列出必備品，成了購物清單。然後等待著年底百貨公司的週年慶，準備一次購足，趁著大打折扣，讓荷包能省則省。

　　想著行走的路程，可能豔陽高照，可能颱風下雨，可能必須路邊

上廁所，可能翻山越嶺，可能走在柏油路和石子路，可能雙腳起水泡，可能腰椎不舒服，可能膝蓋痠痛，可能水土不服，於是琳琅滿目，習慣的東西和需要的東西，洋洋灑灑的列了一堆待購清單。發現，原來年紀越大，安全感需要很多熟悉的東西來支撐，想起自己20 幾歲的時候，好像什麼也不需要，可以拿起包包就直接出發！

豔陽高照下需要吸汗又防曬的裝備

超級運動咖的配備清單

接著拿著清單，那天像個超級運動咖，在運動用品店裡，東翻西翻，銷售人員貼心的為我倆人介紹，跟著清單，買買買，好似下個月就要出發，而其實，算算還有 9 個月！

然後，就在偶爾假日的練習中，把配備穿上，驗證它的舒適性，還有補足欠缺的東西。每次回去補買一些配備時，銷售人員總是關心的問：「還沒出發嗎？什麼時候出發？」我們只能羞赧的回答：「還久！還久！」充電器、水袋、護膝、雨衣……總算是慢慢地完成了所有的配備。但最有趣的還是藥物，整整一小箱，想捨也捨不了，發現為何年紀越大，需要的藥物越多，我們夫妻嘲笑著彼此真是三寶身子。

有時想想，實質的配備物品清單準備容易，只要足夠的耐心和細膩就 OK，難的是身體和心理該準備的清單：每天走上 20 幾公里的

❶吸濕排汗、防臭快乾的衣物❷我們的登山健行鞋❸個人藥品

腳力、一次 30 幾天國外行走的體能與健康、踏上旅程的冒險勇氣、迎接突發狀態的韌性、長途旅程中二人的脾氣相處、彈性和包容，當然最重要的是一顆喜悅的心。

思考人生下半場的快樂清單有什麼？

而如果想要自己有快樂幸福的人生，其中的清單又該是什麼呢？長長的一生，如果可以自己挑選，你想要列在上面的清單是哪些？金錢、權勢、親情、愛情、事業、健康？每個想得到的項目，靠的又是哪些能力來累積和求取呢？有沒有相互對立的？有沒有走到一半後覺得不適合想丟掉的？或是經歷後開始覺得不足，而想重新訓練的？

回想起來，兒時父母總是耳提面命，好好念書，有個好學歷，就會有好人生，那時夜半苦讀，幻想著能從大考小考中脫穎而出，名校、亮麗的工作是清單中的重要項目。現在回頭想想，這些真的和幸福人生有關嗎？也許清單中，很多是需要事前準備，但仍有一些是要且戰且走、順應時勢而補充調整的。

自己的年齡已過半百，不再是當初那個 10 幾歲的黃毛丫頭，也不是 20 幾歲初入社會的年輕社畜，更不是忙於生兒育女的少婦。面對父母高齡 80 幾歲，而兩個孩子都已成人並有自己的生活，我是該想想現在的人生清單項目為何？

　　就趁著這趟徒步的長途旅行，重新思考、調整我的配備，迎接人生下半場可能來臨的諸多驚奇吧！

趁這趟朝聖之旅，重新思考下半場的人生

我 的 最 佳 旅 伴
Mr. K's note

我們的朝聖之路物品清單

換洗衣物 & 旅館用品			
☐ 快乾內褲（穿1帶2）	☐ 睡衣褲（迪卡儂短褲）	☐ 塑膠袋（裝髒衣服）	☐ 羊毛襪2短1長
外出衣物			
☐ Odlo 短袖（穿1帶2）	☐ 登山鞋（直接穿）	☐ 吸水小毛巾	☐ 袖套（迪卡儂）
☐ Odlo 長袖（x1）	☐ 頸套（頭巾）	☐ 胸口包（護照/錢包）	☐ 短褲 Haglofs
☐ 長褲：Odlo 輕量彈性、Haglofs 軟殼、Haglofs 薄長褲（穿）			☐ 頭燈
☐ Haglofs 外套（+飛機上）	☐ 雨衣		☐ 水袋
☐ 漁夫帽	☐ 太陽眼鏡	☐ 護膝	☐ 走路背包
☐ 室內/外拖鞋（舊）	☐ 登山杖（x2）	☐ 雨傘	☐ 登山背包（防水套）
藥品			
☐ 小護士	☐ 伏冒熱飲	☐ 感冒/新冠藥品	☐ 電解質
☐ 胃腸藥	☐ 止吐止瀉藥	☐ 維他命/益生菌/蔬菜湯	☐ 凡士林
☐ 普拿疼	☐ 棉花棒	☐ 護唇膏	☐ 個人藥品
☐ 外傷/水泡：優碘	☐ 防曬/曬後	☐ 醫藥包	☐ 酸痛貼布/藥膏
盥洗用品 & 保養品			
☐ 盥洗用具（香皂）	☐ 吸水大毛巾	☐ 牙刷/牙膏/牙線	☐ 拋棄式刮鬍刀
☐ 洗臉毛巾一條	☐ 曬衣夾	☐ 針線包	☐ 橡皮筋/塑膠繩
☐ 乳液/護手乳	☐ 安全別針（x3）	☐ 曬衣繩	☐ 洗面乳
☐ 指甲剪	☐ 梳子		
生活用品			
☐ 瑞士刀	☐ 眼鏡（備用）	☐ 太陽眼鏡	☐ 擴充袋
其他用品			
☐ 延長線	☐ 多孔插座旅充	☐ 行動電源	☐ 轉接插頭
☐ 歐元 & 台幣	☐ 小錢包/信用卡	☐ 國外 SIM 卡	☐ 夾鏈袋（大/中/小）
☐ 茶包	☐ 衛生棉（Tina）	☐ 濕紙巾/紙手帕/面紙	☐ 雙卡手機
☐ 筆/簽字筆/筆記本	☐ 3M 貼紙	☐ 護照（影本/拍照）	☐ 申根保險（英文保單）

公告周知，
是我挺身而進的秘訣

我覺得自己是個行動力不錯的人，有了想法，沉澱了一段時間後，如果發現自己真的還是很想，通常我就會啟動前進。因此在朋友的眼中，我的執行力真的很不錯。

但其實我知道自己也是三分鐘熱度的人，興趣、好奇心很多，一旦啟動，如何讓自己續航、而不放棄，這才是個挑戰。後來我發現，公告周知是個不錯的方法，當然前提是，你知道自己是個重承諾、並且說到做到的人。我這個人素來很重視自己所說的話，話說出口，覆水難收，就得好好執行，因此「宣告」成為我推動前進的秘訣。

每經歷一段掙扎，就打開另一番天地

想起大三的時候，覺得唸國文系索然無味，心中萌起了想出國進修心理諮商的念頭，但畢業就有工作的我，真的可以放棄擺在眼前的鐵飯碗嗎？再說，因為是公費生，沒教滿 5 年是要賠錢的，代價所費不貲，還是忍一忍，5 年一下子就過？

但我心裡還是想：走，就要越快越好，心裡有了遲疑或是牽絆，

就走不了。於是升上大四，我開始學美語。記得當時詢問了幾個同學有沒有興趣跟我一起上美語課？同學大多的回答是：「我們是國文系，畢業後是國文老師，為什麼要學美語？」「我們畢業後就有穩定和人人稱羨的好工作，你為什麼要出國？」，對於「我想出國念書」的答案，同學們紛紛覺得不可思議地搖搖頭。最後我找不到任何同學一起上美語課。放棄嗎？我沒有。記得那時我常常從和平東路走到羅斯福路上美語課，來回的路上總是一個人，很掙扎、很孤單，常常問自己：真的想走出國這條路嗎？

直到偶然間，讀到國學大師王國維在《人間詞話》中所言：「古今之成大事業、大學問者，必經過三種境界：『昨夜西風凋碧樹。獨上高樓，望盡天涯路。』此第一境界也。『衣帶漸寬終不悔，為伊消得人憔悴。』此第二境界也。『眾裡尋他千百度，驀然回首，那人卻在，燈火闌珊處。』此第三境界也。」

我雖然不是成大事業者，但腦袋卻突然有種被雷打到的豁然開朗。一方面覺得可笑，大一初戀時，把為伊消得人憔悴的「伊」，當成是戀人，為愛痴狂、為愛黯然神傷，原來自己是何等膚淺。原來當你對於人生有所渴望和期待時，面對目標，你會有種獨上高樓，望盡天涯路的孤獨。人生是自己的，你就是不能像兒時一樣，找人手牽手、一起上廁所，或是說：「你不去，那我也不去！」。你的心裡清楚地知道，如果這是你真正想要的，你不去，我還是會去。這條路有伴陪，是幸運；沒伴陪，是正常。

原來每次的宣告，都是對自己的激勵

也許是因為話說出口了，我就這麼一路的走下去，成了班上第一個出國念書的人。然後回到台灣，先投履歷去公司上班，又輾轉甄試進了高中教書，看到同事們在寫童書，我主動表示自己也很想參與，沒想到我還真的寫了一本兒童繪本。還有考諮商心理師證照時，因為是第一屆，原本不想參加，後來決定參加時，和辦公室的同事說明自己決定試試，全力以赴後也幸運的通過高考，還因緣際會拿到了 000001 號的諮商心理師證書。再來是 10 幾年前，因為作息不正常，又忙於工作，身體亂七八糟的，我宣告要成為一個健康的人，於是開始練瑜珈、調整睡眠時間，找出工作生活的節奏。因為常常在課程中教導學員們要如何管理和紓解壓力，我努力調整、身體力行，讓自己成為一個內外一致、兼顧信度和效度的人。

這次要走朝聖之旅也不例外，開始進行一段時間後，我也決定宣告。雖然內心是掙扎的，萬一說說後，沒去執行，或者去不成，那不是丟臉嗎？但想著有大約快 2 個月都不在台灣，如果接近時才說，實在太突然。幾經思考，最後我還是在 10 個月前提早告知每個合作單位，請其將訓練課程挪開，以免到時措手不及。這一說，應該是騎虎難下，勢在必行。

先生說，你這樣到時候沒去就很丟臉。我回應：「沒關係的，我都說自己努力準備朝聖之旅的行程，不管最後是否真的能成行，我

幸運的是，這次我有人同行

目前努力往這個方向前進中。」不錯吧！這種說詞留有餘地。

　　然後我發現，每次向朋友的宣告，彷彿也在向自己內心宣告，一次次強化我前進的力量，我知道那是我想要的。後來我又發現，我剛開始好像是為了虛榮和面子而努力，但事實上，我真正在乎的是不想讓自己對自己失望。別人對我而言，根本沒那麼重要。

　　宣告，像是一種儀式，是我推動自己前進的力量！

我 的 最 佳 旅 伴
Mr. K's note

跟大家說我們要去走朝聖之路，如果沒去走會怎麼樣？

大部分的情況下，老婆是個愛面族。雖然口頭上說不在乎別人的看法，但是話都說出去了，如果一直沒出發，這件事不就變成一個笑話？

記得以前念書時看過一篇文章 *，大意是：四川邊境有兩和尚，一窮一富。窮和尚跟富和尚說他想去南海朝佛，富和尚問：「你憑著什麼去？」窮和尚回：「一個水瓶一個缽就夠了。」富和尚說：「我幾年來計畫著想搭船去，到現在都還沒成行；你又憑什麼完成？」隔年，窮和尚從南海回來後，把朝佛的經過講給富和尚聽，富和尚聽了覺得萬分慚愧。

我們這次為了購買朝聖之旅需要的運動裝備，決定趁著 2022 年底新竹巨城週年慶，把相關的東西補足。

一開始服務人員以為我們只是進去逛逛晃晃，當看到我們手上密密麻麻的清單時，他們相當的好奇。等到知道我們要去走朝聖之路，她提到之前也有一群人來購買去朝聖之路的用品，他們是一個團體，總共好像要走 10 幾天，所以問我們是否也是走一樣的行程。

後來知道我們只有兩個人，且預計在 2023 年要走完全程，就對我們的規劃更加感興趣。在 2023 年初因為缺一件薄長褲，我們又回去店裡買一件。那次剛好遇到上次的店員，她記得我們是要去走朝聖之路的，但不太確定我們什麼時候去。所以問我們是不是已經走回來了，等到我們說再過幾個月要出發時，她說回來後，如

走朝聖之路還需要重要的心理準備

果其他人有興趣是否可以詢問我們相關經驗。我們當下爽快地答應了。但是走出店家後，我就告訴老婆說，如果我們真的沒去走，不要說以後不敢來這家店，我看連巨城都不敢踏進去了啊！

*註：文章出自清代學者彭端淑的《為學》，原文應為：「蜀之鄙有二僧，其一貧，其一富。貧者語於富者曰：『吾欲之南海，何如？』富者曰：『子何恃而往？』曰：『吾一瓶一缽足矣。』富者曰：『吾數年來欲買舟而下，猶未能也。子何恃而往？』越明年，貧者自南海還，以告富者。富者有慚色。

想怎樣就怎樣，
不一樣又怎樣

認真評估想像和現實的差距

　　說來好笑，最初想走朝聖之旅，其實是雄心壯志的。

　　但隨著日子一天天接近，想法好像開始越發接地氣，我開始認真評估：揹著 5 公斤的健行背包，每天走 2、30 公里，然後跟著一大群人睡在上下層的床舖上，瞪大眼睛、看著天花板，一夜無眠，並

779 公里雖然好風好景，但也是大挑戰

且可能還會遇到床蟲叮咬……這樣，我真的走得下去嗎？萬一自己走得太慢，到達時沒有床位，我得一家一家庇護所敲門探問，如果被拒絕，會不會最後露宿街頭？

想到要每天經歷這一次次的不確定，我都這把年紀，如何和年輕人拚快、拚速度？真的要受這種忐忑不安的折磨嗎？雖說走朝聖之旅，壓根就不是要享福的，但單是要走完 779 公里就已經是一大挑戰，我希望自己能好好專注在走路的目標，減少這些負擔。

誠實地跟先生討論後，發現原來他也有這樣的擔心。

可是當你看到那麼多 YouTuber 苦行僧的克難作法，揹著大健行背包，天色還沒亮，清晨 5、6 點帶著頭燈就出發。不到下午 2 點，就下榻庇護所，洗衣服、晾衣服，到超市買簡易沙拉或是食物回去

烹煮，還展示給你看他每天食衣住行只花 10 幾歐元。自己心裡會覺得朝聖之旅好像真的要這樣走，似乎朝聖應該是要吃苦，修行，沉澱，凡事能省則省，一切自己來。再說，好像也沒有人分享他在走 Camino 時住旅館、吃餐館的，我有機會用不同的方式去完成嗎？如果這樣做，會不會有點丟臉？

掛上運送地點牌的託運的行李

　可是仔細想想，朝聖之旅是為誰而走？是為什麼而走？走這段旅行又不是為了炫耀和比較，我也不需要拍片，更不需要向誰交代，真正重要的是自己。對我而言，我想好好走路、認真走路，如果說我最在乎的是什麼？就是希望自己可以用雙腿徒步完成這 779 公里的行程，欣賞每段不同的風景。

決定跳脫框架，讓一切打掉重練

　於是我們決定打掉別人走過的框架，換一種方式來完成。說穿了，就是詢問旅行社是否可以代辦，訂好每天晚上要住的旅館，給自己一個安穩的睡眠，順便也訂好每天的晚餐。我不想走完當天的距離

後還要煩惱今日的晚餐和打點明天的早餐；另外行李就揹一日包，其他的點對點之間，就花錢讓人協助運送行李。

我發現當我跟自己內心對話，釐清重心，很多東西就突然清晰起來，開始進行完成旅程方式的取捨，回歸到做自己的自在。

我的 Camino 不需要和其他走過的前輩一樣，畢竟每個人的年齡不同、體力不同、顧忌不同、擁有的資源或是財務狀況也不相同。每個人可以自己決定要如何走完 Camino。我看到很多前輩在分享中都提到走 Camino 讓他學會了放下，那麼也許一開始我就該放下對 Camino 的既定框架，讓這段旅程有更多的可能性。

放開手，其實擁有的更多

有時覺得人生就是一連串的選擇，不可能什麼都要，獲得的背後，也代表你必須決定要失去什麼。當年我決定出國，捨棄有保障的教師公職；後來我捨棄了大學教職的穩定，成為一個自由工作者。我捨棄了站在螢幕前和 FB、IG 的公眾人物經營，得到了保護家人的隱私和自在的生活。捨與得，真是一體兩面。

就像自己曾經貪多的又想要工作，又想要生活，結果搞得奔波來回、身心交瘁，無論生理或是心理都亮起紅燈，連家庭關係也快要折損。

後來我發現，原來人是貪心的，尤其生活中，無處不在為你洗腦，

告訴你事業成功、有好車、有豪宅，你的微笑就能是甜的。於是你汲汲營營於人生，卻從來不去正視，每項獲得中背後所付出的代價。

然後，當看到公眾人物離婚，因為憂鬱症而自我傷害，過勞猝死，你都會覺得自己離這些事情很遙遠，這些都是別人的故事，茶餘飯後的閒談八卦，而忘了這些現實可能和自己只是一線之隔的人生。生活和工作可以平衡嗎？這是很多人的疑惑和掙扎，每每在諮商室裡，不論是初入職場的工作者，或是事業有成的主管人員，常常向我提出這個疑問，我也不斷在思索著答案。

有時候真的很想來點不一樣的

我喜歡前 GE 總裁傑克威爾許說的：「所謂生活與工作的平衡，從來都不是兼顧，而是一種取捨。你必須在每個階段裡選擇決定，要什麼？不要什麼？」

的確，35 歲以前，我選擇了工作，平日上山下海，忙碌於生涯經營，所以做了週末父母，週五接回孩子、週日送回。35 歲之後，我選擇家庭，接回孩子，還當兒子學校的便當媽媽，負責協助班上訂定每日便當，6 點以後減少工作。孩子進入國中後，我又兩岸奔波授課，拉著行李箱到處上課。現在孩子大了，年過半百的我，工作算是穩定，也去過好幾個國家走馬看花的旅遊，我想來點不一樣的。

這個「不一樣」，是由我定義的，我再一次做了取捨和規劃。決

朝聖之路的終點站聖地牙哥德孔波斯特拉

定住旅館，不住庇護所；晚餐先訂好，不需要採買和準備；行李每日託運，揹一日包，不揹健行背包。潘普洛納、布戈爾、萊昂 3 個城市各多停留一天，給自己喘息並欣賞城市風貌，然後到達聖地牙哥德孔波斯特拉後，再參加一日遊，坐巴士到號稱世界最西岸菲尼斯特雷。最後坐火車到馬德里停 2 晚，再飛荷蘭與在英國工作的兒子相聚 2 天。41 天的旅程儼然成形，就這麼辦！

　　這是我的取捨，我想要的旅行，我規劃的 Camino，我的人生！

我的最佳旅伴
Mr. K's note

好奇我們的行程嗎？
跟你分享！

回來台灣後，朋友和同事們常會問：「每天走 2、30 公里應該很挑戰吧？」。其實，對於沒有走過朝聖之路的我們來說，不確定的因素，可能才是真正的挑戰。

大家都說雙腳會起水泡是正常的，行程中會感冒、受傷也不意外。加上我們決定要走朝聖之路時，夫妻倆都沒有得過新冠，所以總覺得有好多不確定性，心裡很不踏實。

最初，我查了很多相關資訊，雖然有一些不錯的團體行程，但是這些行程都是僅走法國之路其中的一部分，不是那麼適合我們的需求，一直到後來，我找到飛達旅遊，發現他們有協助處理相關的代辦事宜。

於是，我連絡飛達旅遊的 Monica。她非常細心地了解我的期待，幫忙打理好整個行程。走路部分，他們是委託當地合作的 teetravel 安排住宿、晚餐和接駁，其他的機票與火車的票券也都協助購買。另外，到達聖地牙哥德孔波斯特拉 Santiago de Compostela 目的地後，我們加了一天菲尼斯特雷 Finisterra 世界盡頭一日遊行程，然後隔天搭火車到馬德里待 2 晚。

馬德里部分，我用 Klook 訂了佛朗明哥的表演加晚餐，以及隔天中文解說的市區一日遊。最後順道飛到荷蘭的阿姆斯特丹，和在英國工作的兒子碰個面，再回台灣。

以前出國時，因工作忙碌，都是參加旅行團。省去自己做功課的繁瑣，也可以放鬆地跟著既定的行程。這次重點放在走路，所以有了飛達旅遊幫忙把大部分的「食、住、行」問題解決後，其他的小事就方便多了。

日期	行程 /2023 年	住宿城市
8/13	Taipei 23:40 - Paris 07:30+1 天	飛機上
8/14	抵達 Paris - St Jean Pied de Port Paris CDG Airport - Paris Montparnasse 搭計程車 Paris Montparnasse 12:08 - Bayonne 16:03 火車（時間僅供參考） Bayonne 18:19 - St Jean Pied de Port 19:20 火車（時間僅供參考）	St Jean Pied de Port
8/15 ~ 9/22	St Jean Pied de Port 西班牙朝聖之路尋找自我 36+3 晚 Rúa/Pedrouzo > Santiago*	St Jean Pied de Port - Santiago
9/23	Santiago （世界的盡頭一日遊）	Santiago
9/24	Santiago 10:20 - Madrid 13:42 火車（時間僅供參考）	Madrid
9/25	Madrid 市區觀光	Madrid
9/26	Madrid 12:50 - Amsterdam 15:20	Amsterdam
9/27	Amsterdam 市區觀光	Amsterdam
9/28	Amsterdam 21:40 - Taipei 20:00+1 天	飛機上
9/29	抵達 Taipei	-

* 註：朝聖之路進行中，從起始點 SJPP 到終點 Santiago 的時間。

飛達旅遊
地址：台北市中山區南京東路三段 168 號 10 樓之 6
營業時間：週一～週五 9：00 ～ 17：30　網站：www.gobytrain.com.tw
全台客服專線：02-8161-3456 分機 2　傳真：02-2781-2218

我 的 最 佳 旅 伴
Mr. K's note

行李如何託運？

出發前我就知道行李可以託運，而且知道在大部分的住所都可辦理，網路上也可以找到許多詳細的資料。我們因為一路的行程和住宿都決定好了，加上 teetravel 已經把 2 件行李的所有運送都預先辦好（中間 3 個城市多停留一天，也都考慮進去），託運就更加方便。

第一天由法國 SJPP 出發時，旅館人員把託運行李掛上 teetravel 的標誌後，每天早上，我們只要在 Check out 前把行李放在櫃台旁，下午走到目的地時，行李大都已經在那裡妥妥當當地等著我們。

對於自己安排行程的人，比較要注意的則是「下一個目的地要先決定」，才能讓託運公司知道要將行李送往何處。我們在途中遇到一些朝聖者，他們雖沒有把所有後續的住宿都訂好，但是可能會先預訂 1 ～ 2 天

（尤其較熱門的地點，最好還是要先預訂），基本上，只要在有預定住宿的情況下，託運就不是什麼問題。

老實說，我們在出發前也覺得既然要走朝聖之路，就得自己扛起一切家當，才不會丟臉。老婆因為近視太深，雖然之前有做過一些重訓，但是我怕她揹過重，眼睛會受不了。既然這個行程可以託運行李，面子不重要，我們行李就給人家搬吧。

等到真正開始走路時才知道，有好多朝聖者都用行李運送。就像我們認識的 Marcus，年輕時在英國是打職業橄欖球的，身強體壯的他，行李也是用託運。有次聊天，我曾經打趣地問他：「你那麼壯，揹行李實在太容易了，為什麼要託運？」他的回答很妙：「我是來體驗 Camino 這個旅程，又不是來練負重的，沒必要把自己搞得這麼辛苦！」

在 Finisterra 拍的照片，里程碑上刻的是 0 公里喔！

合理的訓練是鍛鍊，
不合理的訓練是磨練

千里之行始於足下

　　面對接近 800 公里的挑戰，說不緊張和擔心，是騙人的。畢竟我在台灣，既沒爬過百岳，也沒參加過媽祖繞境，一次連走 3、40 天，真的可以嗎？

　　自從設定要去朝聖之旅，我和先生開始討論如何訓練體能？首先，平常週間工作繁忙，至少週末假日一定去走住家附近的十八尖山一圈。但這 5、6 公里和一天 2、30 公里差距太大。接著我們開始尋找一些健行步道，像是大坑南寮步道、知高圳步道、萬里長城步道。每每走得氣喘吁吁，都在心裡自我提醒：「這只有未來一天行走路程的三分之一，如果連這都走不了，Camino 怎麼走得下去？」合理的訓練是鍛鍊！

　　過年的時候，趁著連續假期，我們安排了溪頭和杉林溪的健走，第一次挑戰超過 15 公里。努力的走走走，一路走到了最高點：鳳凰山瞭望台及鳳凰山天文台。欣賞完山裡的美景、又徒步下來流籠坑草坪區、竹蘆……每個景點都不放過，一邊喊著累，一邊看著地圖

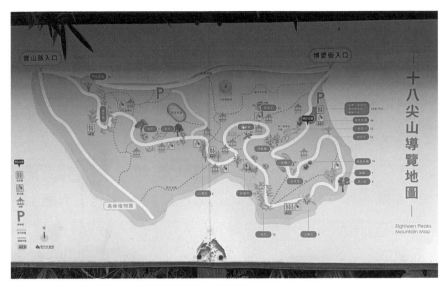

新竹市民的運動好去處，也是我們的最佳練習場

思考還有哪裡沒走過，以及現在到底走了幾公里。然後是興致勃勃地回旅館休息，滿心期待著明天要去杉林溪續拚 20 公里。但不爭的事實是，隔天一去杉林溪走個 10 來公里就覺得腳力不行，只能收手回家休息。

還沒去，就開始找罪受

第二階段是每個週末十八尖山二圈 11.5 公里，然後是三圈，到了四圈，明明只有 21.5 公里。卻每回走完就全身癱軟，痠痛難耐。可

是，朝聖之旅的第一天就有 25 公里，還得翻越庇里牛斯山，號稱是整個行程最艱難的一天，這可怎麼了得？加上週間上班，每天有既定的上課行程，一天下來至少也要站個 5、6 小時，多一點甚至到 7、8 小時，我也不能在週末假日的訓練中耗盡全力，工作和鍛鍊還是得拿捏平衡。

端午節的 4 天連假，我和先生決定每天十八尖山都要走個四圈，至少連續 4 天，測試一下連續走路的體能。坦白說，在台灣這種 37、8 度的高溫下，即使是走在樹林茂密的山裡，依舊是汗流浹背，全身濕漉漉、腰痠頭昏，一圈二圈後，你開始會懷疑自己是不是大笨蛋，為什麼會安排這樣白癡的行程？怎麼會花錢找罪受呢？更誇張的是，還要提前受罪。

走到第 4 天，我真的覺得自己不行了，決定這天稍稍休兵，二圈就好。再者，因為太熱的關係，雖然穿著吸濕排汗的羊毛襪，我的腳掌和小腿長了汗疹，紅腫奇癢。先生千叮嚀萬囑咐，要求我一定要看醫生，以免屆時在西班牙發作，叫天天不靈，叫地地不應。幸好隔天上午沒有安排工作，起早去看皮膚科，醫生仔細評估和細心說明可能的引發因子，並開了簡單的類固醇和藥膏，擦拭之後，好了許多。

到後來是越來越熱的天氣，我們調整成清晨 4 點半起床，走個二圈，然後是黃昏時再走個二圈到二圈半，想想住在附近 20 幾年，要不是有這個目標，怎麼可能大清早 5 點前上山，然後發現原來清

晨有這麼多人在山上走路。

訓練讓我的人生升級成 2.0

　　訓練，讓我有了很多的新發現，過去沒發現的景色，沒嘗試過的路徑、沒走過的距離，如今一一的展現在眼前，並且有了不同角度的欣賞。我心裡想著，等我完成朝聖之旅後，明年我就要跟著媽祖繞境，參與台灣在地人的一大盛事，感受神明庇佑的氛圍。

　　有時是因為目標，而鍛鍊自我，有時是因為鍛鍊，提升了自我，於是可以設定更高的目標，目標和鍛鍊，相輔相成。想起了我從大學離開之後，開始做企業教育訓練的工作，因為每個合作對象都算是我老闆，加上每天奔波不同地方、教授不同課程，面對不同的對象，課程絕對不可以開天窗，因此這 10 幾年來在從事這樣工作型態之後，我認真地調整身心，希望活得神清氣爽、自在優雅，以人動人。包括飲食和睡眠、還有規律的作息和固定的運動等等，我努力讓自己在這些部分中，找到一個最佳的配套和平衡。做為一個心理師和企業教育講師，希望能內外一致。而這個真實誠懇的「內外一致、表裡合一」的決定，就成為我人生經營的目標，為此我努力的自我鍛鍊。

　　訓練，看來是人生一輩子的功課，這次也是馬虎不得！

寧可提早累一點，
也不要到時候後悔

　　家住新竹市附近的人，大概都聽過位於市區高度約 100 公尺的十八尖山。新竹市因為土地狹小，又有許多人在竹科上班，過去常有人戲稱「假日時新竹人不是在巨城，就是塞在去巨城的路上」。近幾年來大家比較重視運動，所以就改成「假日時新竹人不是在巨城或十八尖山，就是塞在去巨城的路上或十八尖山的停車場」。我因為在新竹科學園區工作，所以房子就買在十八尖山附近。為了要去走朝聖之路，十八尖山自然而然就成了我們最佳的練習場。

　　偶爾我們也會換個地方走走，由於朝聖之路中大多路途平坦，我們挑的山路也大都平緩。台中離新竹近，所以我們也挑了幾個台中的步道。我們去過幾次大坑南寮步道，除了離新竹近，又可以順道去台中市走走。有

時候爬完山，還可以在山下買些青菜和雞蛋。

　　此外，我們也去過台中烏日與大肚交界附近的知高圳步道，除了步道

iStep 計步器－步數追蹤與記步器＆走路計步器，讓我們在訓練時追蹤成果

好走之外，沿路有許多樹蔭，就算夏天走起來依然涼爽舒服。位於台中大肚的萬里長城登山步道則屬於適合親子同行，也是我們的練習場之一。

　　為了確認訓練能夠有效的執行，我下載與購買一些相關的 App。我安裝 iStep 步數追蹤與記步器 & 走路計步器，記錄每次練習的成果，還可以看一下走過的路線，自我激勵。

　　另外就是 Steps App 的資訊，一開始訓練時我把目標設定成 10,000 步的低標，只要目標達成，當日的藍圈圈就會填滿。完成整個旅程，回到台灣之後，我打開紀錄，發現我們在八月展開朝聖之旅後，整個九月的步行距離達到高峰，一個個藍色的圈圈，是我們的得意之作。

Steps App 記錄了我們朝聖之旅總共走的公里數和消耗了幾大卡

所有的一切
都是最好的安排

　　除了訓練和提升體能之外，其實我個人還是有一些改變和準備的。首先是 10 幾年來我都是留著短捲髮，但思考可能要在 40 幾度的高溫下，無遮蔽物的行走，我決定屆時要紮個馬尾，感覺比較俐落和輕爽，於是我開始試著把頭髮留長。

　　再來，因為高度近視的關係，我的視網膜一直很脆弱。即使長期以來細心照料，不搬重物、不做激烈運動，2 年前，還是逃不過剝離的宿命，在緊急做了雷射手術之下，同步也發現自己有白內障的問題。一年以來的持續追蹤檢查，我在 2022 年底和 2023 年初，針對 2 個眼睛，分別做了白內障手術。

　　出發之前，我幾乎是每隔一段時期，就得到醫院眼科掛號檢驗。慶幸的是，出發前一個月，和醫生確認過，眼睛的部分是 OK 的，出國應該沒問題。好處是，因為動了白內障手術，我的視力正常，走 Camino 不用攜帶任何關於隱形眼鏡的用品，也沒有穿戴和卸下的麻煩。

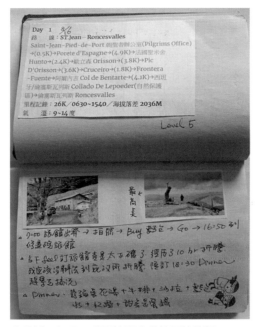

出發前一個月，我開始認真做簡要的筆記

沒想到人算不如天算

但千算萬算，沒料到的是我的父親竟然在出發前不久，發生了重大車禍。當時腦部受傷相當緊急，急診的過程一度讓人擔心他會挺不過，最後雖然熬過了鬼門關，但出院時，還是無法自行行走。我有點猶豫，機票、旅館等行程都已訂定和繳費，我很掙扎是否該將此次的安排取消，延到明年再走？

　　幾週之後，幸運的是，我的父親復原地比預期還要好，不必再靠輪椅或拐杖行走，但看著他 80 幾歲的身軀，我真的有點放心不下。擔心會不會有後遺症，擔心在接下來的日子裡，或是出發後，在 40 幾天的行程中，如果再有什麼事發生，該怎麼辦？明年呢？明年又會有什麼事發生呢？我自己？父母？孩子、手足？

　　我發現如果要找到一個完美時刻，是不可能的。世事難料，沒有人知道未來會發生什麼事，如果一定要等到所有的狀況都很 OK，那麼應該永遠都走不了。所以，「現在，就是最好的時刻」。

　　我決定在父親復原狀況還不錯，工作的行程也都已經排開（我的工作有 2/3 以上在前一年就決定了），讓計畫照舊往前進行。我告訴自己，一切老天自有安排，如果真的又有什麼事情發生，讓行程必須嘎然而止，到時候就面對它、接受它，處理它。我為什麼要在事情還沒發生之前，用這些想像和擔心，讓自己先提前止步呢？

當你真心想要，整個宇宙都會幫你

　　很多人常抱怨：「我就是沒辦法」「我不像你一樣，因為……所以不可能的！」每個人其實有的難題都不一樣，但一樣的是，人們在內心猶豫掙扎時，常常會創造出很多理由，讓自己無法前進。表面上，外在的人事物是讓自己無法成行的遺憾。實際上，不想承認的是，自己的內心沒有那麼想要往那個方向去走，也許是擔心，也許是害怕，

也許還有很多更深的理由……所以遇到困難，很快就放棄。

　　以前在《牧羊少年的奇幻之旅》書中，讀過一段令我印象深刻的句子：「當你真心渴望某樣東西時，整個宇宙都會聯合起來幫助你完成。」我是真心地想要走 Camino，我相信老天會幫我完成這個心願的，我不想在這個時刻就放棄。

　　我開始利用閒暇時間看看相關影片，並仔細做筆記，至少對於行走路線的狀況，可能遇到的天氣有所了解。透過影片，可以感受到行程的第一天是最大的挑戰，因此週休二日，我們都儘可能地一起去練習走路，風雨無阻。再者因為請旅行社規劃行程，所以每天有既定要走的公里數（當然是按照大部分人走的行程和停留的城鎮），我們最大的挑戰是：每天一定要走到預定的城鎮和旅館，否則後續的行程都會亂套。

　　先生則是持續健身重訓，強化體力。第一，他可不想比我還弱，如果他先走不動，他怕被我笑三年。第二，他評估走路過程中，如何減輕我的負擔，想像萬一我太累，東西可能必須都由他揹；每天走完既定行程，回到旅館後，我可能完全躺平，衣物得由他洗。還有，他特別請女兒教他如何用 IG 紀錄整個 Camino，女兒說可以用 IG 貼文和製作限時動態，IG 會自動註記出拍攝時間和地點，可以為我們留下美好的回憶。

　　男兒當自強，還得為老婆更自強。女人也當自強，不想成為老公的拖油瓶。我們各自在努力準備著，距離出發的日子也逐漸接近了。

我 的 旅 行 筆 記
Mrs. Tina's murmur

西班牙的伴手禮：巧克力

西班牙頂級無花果巧克力
Rabitos Royale

這是西班牙很有名的巧克力，採用整顆新鮮無花果處理製作而成，整顆無花果乾外層裹上一層香濃巧克力，一口咬下，巧克力的濃郁加上無花果的果香，倆相搭配口味獨特，絕對值得一嚐！

8 顆裝和 16 顆裝的無花果巧克力

這款巧克力盒，讓人看了都會想要收集

Chocolate Amatller
巴塞隆納老字號品牌

這款巧克力的主要特色是採用 19 世紀捷克知名畫家阿爾豐斯・慕夏 Alphonse Mucha (1860 ～ 1939) 的作品，做為巧克力盒的包裝設計，每一個盒子都彷如一件藝術品般。當你看到盒子上一個個優雅女士的圖案，會忍不住想買來送給親朋好友。相信朋友們在打開精緻的巧克力盒，看到優雅的樹葉造型巧克力，那一瞬間，都能感受到你濃濃的心意。

朝聖之路整個路程大都在偏僻的小鄉小鎮中穿梭，要買到這 2 款巧克力並不容易。如果想要買這 2 種伴手禮，建議可以在潘普洛納、布哥斯、萊昂的 El Corte Inglés 英國宮百貨公司地下樓層的超市，或是在這 2 個城市內，著名的觀光景點附近紀念品店找找看喔。

準備出發的情緒，
持續發酵

帶它走，或者把它留下來？艱難的行李取捨

　　行前一個月，開始嘗試打包行李。雖然決定行李用每日託運，但受限於 2 個健行背包的容量，仍然不能帶太多東西。我們把需要的物品擺在桌上，開始嘗試打包。

　　說真的，平常出國旅行，都是想打扮得漂漂亮亮的，拍些美麗的照片，所以衣物、保養品，習慣的用品、茶包、小零食，愛怎麼帶就怎麼帶。這次已經很節制了，40 幾天我只帶 5 件短袖、2 件長袖，1 件刷毛簡易外套，1 件防水防風外套，還有 3 件長褲，2 件短褲，外加 1 件睡褲。當然還有一些維他命、盥洗用品，真的是超級節制，但打包之後，卻發現還是裝不下。想想如果走路過程，想買值得留念的紀念品，還有空間嗎？

　　於是只能靜下心來，想想看如何割捨，好能通通塞入背包裡。清單分為 2 份，一份是自己攜帶的，一份是到達當地後，到超市再採買的。加上開始走路後，經過的都是小鄉小鎮，可能只有小雜貨店可採買，所以我特別列了一份到達聖讓皮耶波爾 St Jean Pied de

Port 需要採購的清單，包括：洗髮精、沐浴乳、防曬乳、燕麥棒、小餅乾、衛生紙、足後摩擦膏。衣物屆時就用洗髮精或沐浴乳清洗就好，東西能少一件是一件。

這真的是第一次旅行，需要錙銖必計，考量著空間的置放，當然還有哪些東西可以放在我的一日背包裡。但我必須承認，還是裝不下。然後短袖拿掉一件，長袖拿掉一件，這裡看看還能不能再少。最後雖然全部塞進去了，心裡卻覺得很不踏實，感覺整個行李沒有空間的餘裕，忐忑緊張。

最後討論，想想反正我也不會揹著大背包走路，不如換個提包吧，至少空間會多那麼一點點。所有的東西重新拿出，改塞提包，再加帶一個折疊可擴充的包包，最後如果真的要買東西，可以裝入。這樣來來回回試了好多次，總算底定。

再來是這將近 2 個月不在家，相關事務的安排，信件、報紙、帳單，還有雙親大人的照護。還好我和先生的手足都算幫忙，父母的部分他們會看照著。家庭事務，因為女兒剛好回台灣 3 個月，所以這些也有她可以協助處理，我覺得好像一切冥冥之中自有安排，讓我好放心。

出發前一個月，我依然授課著，很多合作單位的承辦人知道我即將出發，都表達羨慕和佩服，其實我都還沒開始走，也不知道走不走得完，挺心虛的，但卻也很期待。把一切都放下，將近一個半月，不管工作，不管家事，完全脫離生活的常軌，進入一種從未經歷過

期待出發，止不住的興奮之情

的運作模式，到底會怎麼樣？我是既期待又怕受傷害。

出發！前往陌生之境

8/11 上完了出發前的最後一堂課，8/12 和家人相聚吃飯，8/13 確認好所有的行李，並打包好心情，帶著眾多家人、朋友的祝福，終於我在歷經將近 10 個月的規劃，要出發了。我和先生拍下所有行李的照片，心是輕鬆地，因為即將展開 40 幾天的旅行；心是忐忑地，因為不知道會發生什麼事，有很多不確定性，陌生的地方、陌生的人、陌生的行程。

但該來的還是要來，準備許久，總要實戰，來吧，出發！迎接我的 Camino！屬於我和 K 先生的奇妙旅程！

我 的 最 佳 旅 伴
Mr. K's note

國內玩？出國玩？
參團玩？自由行？

同事與朋友間常會問一個問題：「一樣是去玩，國內和國外有什麼不同？如果國內怕塞車，那麼就請假出去玩啊。」

我以前也是這麼想。那時候就聽人家說，出國會上癮，常跑後就「回不去了」。結果自己跑了幾個國家之後，也可以慢慢理解那種感覺。並不是出國比較炫，而是當你在陌生的環境中，大部分的生活和工作牽絆都被強迫隔離時（手機除外），心裡的確是比較能放下一些東西，停下來思考一下，沉澱一下。

另外一個問題是：「參加旅行團好？還是自助旅行好呢？」其實我覺得也沒有標準答案。有的人喜歡自由行，因為想幾點起床就幾點起床，想去哪？停留多久？都可以自己決定。問題是，萬一同行者比較挑剔、愛抱怨，那自己安排行程可就不一定是件好事，途中有可能會陷入二方意見不合的爭執之中。

我和 Tina 過去大部分都是參加旅行團，很多人常會問我們說：「這樣不是所有的行程都被安排和控制呢？」但說真的，當平常忙於工作，凡事都得自己好好掌控和規劃每天的節奏和事務時，我和 Tina 真的很喜歡那種「被安排、被操控」的感覺。每天告訴我幾點起床集合，哪裡吃午餐，每個景點停留多久，哪裡上廁所，何時該回旅館吃晚餐和睡覺，這種被安排和操控，對我們而言，反而是一種難得享受的自由啊！

但這次算是我和 Tina 的自由行，還是接近 40 天的行程。天知道會如何呢？

我 的 最 佳 旅 伴
Mr. K's note

朝聖中的好用小物

隨著年紀增長，總是比較想用方便或習慣用的物品。為了讓旅程中減少一些困擾，如果你的行李可以裝得下，建議可以考慮攜帶下列物品：

1. 圖❶的上排由左到右分別是：SJPP 買的晾衣繩，迪卡儂的可攜式晾衣架，和瑞士刀。下排由左到右是迪卡儂的頭燈和 SJPP 買的口紅式腳底防護膏（在 SJPP 買晾衣繩時，老闆推薦買的）。

2. 圖❷的上方是迪卡儂的袖套，左邊是短的多向延長線加上轉接頭（含一個備用轉接頭）。右下角的 Odlo 頸套，除了可以防曬外，遇到

討厭的蚊蟲或風沙大時，也可以遮蔽口鼻。剩下的就是台灣帶去的啤酒開瓶器和當地超商買的紅酒開瓶器。

3. 圖❸左邊是我們走路前幾天和城市中行走時所使用的 MAMMUT 一日包。右側則是一大一小的 SALOMON 水袋。一開始走路時，我和 Tina 是各自揹一個水袋，後來當我揹上所有的當日行李時，我把大的水袋裝滿，健行背包旁再帶一罐當地買的礦泉水罐方便老婆取用，幾乎不用補水都沒問題。

蓄勢待發，
全面啟動中

　　到達桃園國際機場時，內心是興奮的。將近 3 年因為疫情之故，未踏出國門旅行，而在解封之後，我們第一次出國就要走 Camino，怎能不興奮呢？班機是 23:40 起飛，我們在晚上 9 點多到達機場，人不多，可以開心的拍個出發照。

　　在空中飛行 14 小時之後，終於到達巴黎的戴高樂機場。接著出海關，趕緊坐上計程車到巴黎的蒙帕納斯站 Paris-Montparnasse 準備搭 12:08 的火車到巴約訥 Bayonne；然後再搭 17:13 的火車前往聖讓皮耶德波爾 St Jean Pied de Port，預計 18:18 到達。

　　在蒙帕納斯站時，時間很充足，心情很輕鬆，火車站佔地寬闊，有些賣場和咖啡廳，我們買了馬卡龍，順便在一家咖啡廳悠閒地坐著，輕酌咖啡並吃法國麵包，滋味特別的好，應該是心境不同的緣故吧！搭上火車，車程時間約 4 小時就到巴約訥 Bayonne。一到車站，發現很多旅客都揹著大背包和登山杖，從背包上是否有掛著扇貝，馬上可以分辨他是走完行程要打道回府的？還是和我們一樣準備搭火車展開行程的。

我們搭這班飛機到達法國的戴高樂機場

塞滿健行行李的火車車廂

17:13 搭上火車,只有短短的的車廂,但放眼望去,幾平人人一背包,有睡袋、登山杖,大小不一。年齡是老少皆有,男男女女,但東方面孔很少,這班車次只有我和先生二個華人,座位的上方和旁邊的空位都塞滿健行行李。難得看到一整個車廂的人幾乎都是要去走 Camino 的,相當有趣。18:18 終於到達朝聖之旅的出發點聖讓皮耶德波爾 St Jean Pied de Port,我們下車後開心地在指標旁拍照。有位女士也請我們協助她拍照,但轉眼間,所有的人突然都不見了,只剩我和 K 二人。

開往 SJPP 的火車，上方塞滿了朝聖者的行李

花了快一天的時間，我們終於到達 St Jean Pied de Port 車站

　　大部分的人到達後，應該都急著去找庇護所睡覺，好讓自己明天順利出發，尤其第一天要翻越庇里牛斯山，很多人可能清晨 5、6 點就出發，因此休息補眠是重要的。因為我們已經訂好旅館，不怕沒地方睡，加上安排明天一整天在這個城鎮逛逛和採買，所以沒有出發的時間壓力，我們揹著行李，用著手機，尋找旅館的位置。

　　順利入住後，因為八月中，太陽 21:00 才下山，所以還在外面閒逛一下，才回旅館休息。沒想到，城鎮很熱鬧，21:30 外面還有震耳欲聾的樂團在演奏，一堆人在 Bar 喝酒聊天，我們的房間在水岸第一排，只要開窗，就可以看到不遠前方滿滿的人潮和熱情洋溢的氛圍。今天不是星期一嗎？這些人不用上班嗎？應該午夜 12:00 就會結束吧。結果，音樂竟然到了凌晨 6:00 多才結束，不知道是否因為飛機、火車的勞頓，我竟然在半夢半醒之間，還是入眠。還好不是明天開始走，這一夜的音樂陪伴，我不確定自己是否能得到好好的休息。

　　隔天一大早起來，在旅館吃早餐時，竟然巧遇昨天在車站協助她拍照的女士。她來自瑞士，獨自一人行走，看起來至少有 60 歲，她說這是她第三次來走 Camino，應該也是最後一次。第一次是她 25 歲時，難怪看她一身輕便、熟門熟路的，她仔細叮囑我們明天爬山時，在最後一段，一定要往右，不可以直走，因為直走的路較危險、難度較高，一定要往右。

城堡街上的朝聖者辦公室和商店

吃飽後我和 K 出去感受外面的溫度，微涼的天氣很舒服，不料隔著小河，我竟然又看到剛剛那位女士箭步行走，雖然距離遙遠，但四目對視，我們一眼就認出彼此，揮揮手，奇妙的緣分。她今天出發，我們明天，今日一別，可有緣再見？

我們決定先前往朝聖者辦公室一探究竟，辦公室的志工友善地一對一地向我們耐心講解這整段路的各種資訊，並遞上第一日由這裡經庇里牛斯山到西班牙倫賽斯瓦列斯 Roncesvalles 的詳細資訊。仔細叮嚀我們注意事項，補充飲用水的 2 個水源處，幾個分叉點要注意，接著又提醒我們最後一段一定要往右走，我心想：「直走到底有多艱難？」

我們在辦公室裡領取 2 本朝聖者護照，分別寫上自己的姓名，護照上一打開發現有 72 個的格子，設計來讓每位朝聖者沿途蓋章用的。朝聖之路上，很多庇護所、Bar、餐館、教堂等等都會刻好印章，讓朝聖者經過可以入內蓋個章，有點打卡或是集點的概念，尤其到達終點聖地牙哥 Santiago 領證書時，那個到達的圖章是最令人期待的。每一個印章就像記錄著自己的行程般，雖然並沒有規定要蓋多少個才合格，但拿到手、看到 72 個格子，滿心想要填滿它，我和 K 計算著，除了每天的旅館有一個章之外，平均一天還要再蓋個一到二個。至於我們最後蓋了幾個，就讓大家猜一猜了。

朝聖者辦公室

　　當然沒忘記扇貝，朝聖者通常會將扇貝懸掛在他們的背包上。我們買了扇貝後，並在朝聖地圖前拍照，然後便悠閒地在這個小鎮走走。

　　鎮上的街道兩旁很多商店賣的都是朝聖的相關配備，例如：衣物、襪子、帽子、雨衣、登山杖、藥品、紀念品，各種物品應有盡有，讓朝聖者可以做最後的補給。在這裡我和 K 買了最值得、CP 值最高的 2 樣東西：晾衣繩和護腳防磨腳膏。這可是我們的晾衣神器，還有讓我們全程雙腳都沒有起水泡的好幫手。

整段朝聖之路的高低起伏

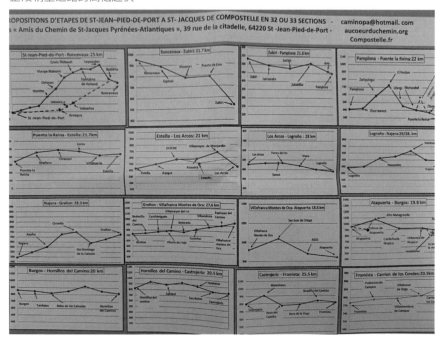

關於 St Jean Pied de Port 小鎮（SJPP）

聖讓皮耶德波爾 St Jean Pied de Port 是一個位於西班牙與法國邊界的小鎮，處在庇里牛斯山北麓西段，很多走 Camino 法國之路的朝聖者會選擇在此出發，由此穿越庇里牛斯山進入西班牙境內展開行程。SJPP 雖然算是法國之路的起點，但事實上會在這裡多停留一天的朝聖者並不多，通常都是前一天到達後，就整理行李準備隔天一早的出發。

我們因為不想急著趕路，所以當初規劃在這裡多停留一天，再展開第一天 25 公里的行程，畢竟翻越庇里牛斯山在所有前輩的口中，都說是天氣最多變、景色最千面，最最挑戰的。

小鎮有個古老的城堡，如果想要從高處一覽整個小鎮的風光，無疑的，登上城堡上的觀景台是最佳選擇，讓你可以俯瞰整個鎮上的美景。城堡的城牆有很多像電影魔戒裡的射箭口，耐人尋味，但不知道是否因為時間太早，亦或是大部分的朝聖者都急著出發，不會花時間在這個小鎮觀光，所以遊客不多。接著我們漫步走去鎮上的家樂福，做最後的採買，洗髮精、燕麥棒、防曬乳、小餅乾，全部都挑最小的，還是得考量空間和重量。

當然絕對不會遺漏的是鎮上的鐘樓跟聖母教堂 Notre-Dame du Bout du Pont Church，還有聖雅各門 Porte Saint-Jacques。聖雅各門據說如果你是由法國地區更早的起點開始走的朝聖者，那麼

古城堡高處可以鳥瞰整個 SJPP

即使沿著不同路線而來，最終都會經過這道門進入這個小鎮，再翻越庇里牛斯山到西班牙，所以這道城門可以稱得上是小鎮的入口。昨天下午我們到達時匆匆，而今天，反正時間充裕，剛好可以欣賞小鎮幾個著名的景點，將其納入記憶行囊裡。

　　最後，打道回旅館梳洗休息，準備明天朝聖之旅第一天的挑戰。這幾天不知道是什麼活動，小鎮很熱鬧，整天聽得到音樂，空氣中

滿滿的快樂。

明天，是我們朝聖之旅的第一天，779 公里的第一天，在一段又一段的準備出發中，這次是來真的，明天真的要啟程了。

在地圖前拍個出發照，做個紀念！

朝聖者辦公室 Pilgrim Information Office SJPP
地址：39 Rue de la Citadelle, 64220 Saint-Jean-Pied-de-Port, France
營業時間：週一～四 07:30 ～ 12:00、13:30 ～ 20:00
週五、日 07:30 ～ 12:00、13:30 ～ 20:00、21:30 ～ 22:30
週六 07:30 ～ 12:00、14:00 ～ 20:00
電話：+33559370509

第二篇

Camino 的 XYZ 方程式，究竟該如何破解？

779 公里，每天要走多少距離？烈日、颱風、下雨，怎麼應對？如果走不動，怎麼辦？去哪裡上廁所？美食和旅館，怎樣的面貌？如果只是天天趕路，會不會有點可惜？

Camino 路上的人事物，交織成許多感動的瞬間……

跟著黃箭頭，
走出勇氣之路

庇里牛斯山上，蜿蜒的柏油山路，
藍天白雲

　　779 公里的路途，整條路是變化和多元的。

　　各路人馬的經驗談中，都說第一天的路最難走，但我相信對每個朝聖者而言，第一天相對地都是躍躍欲試、心中熱血沸騰，想趕快大顯身手，證明自己擁有翻山越嶺的身手。

　　庇里牛斯山被列為聯合國世界文化遺產，其來有自，整個25 公里的路段，變化萬千。第一段的 7、8 公里是不斷的上坡，雖然身邊的風景從鄉村房屋轉變為上山小路，一旁的牛羊成群還會帶來陣陣的驚喜，但眼前綿延不斷地上坡路，彷彿沒

有盡頭似的，讓疲累感一步步累積。隨著不斷上坡，心裡會開始默默呼喊著：「到底那著名的途中唯一休息站，何時會出現？還要走多遠？」

早上 7 點出發，終於在 10 點左右，看到那棟建築。這裡是間餐廳，也是庇護所，不過庇護所床位不多，需要提前預約。大部分的朝聖者都會在此暫時停留，喝杯咖啡、吃個點心，前面就沒有任何補給站，我和 K 也不例外。

因為心裡有著翻山越嶺的顧忌，30 分鐘後，趕緊繼續行程。這一天的 25 公里，有時是曲曲折折、綿延不斷的柏油

一會兒又走入迷霧森林，不禁令人納悶，剛剛的朗朗晴天呢

山路，有時又是傍著羊群、牛群和馬群的遼闊坡地，有時一片大霧漫延而來，走入霧氣森林。腳下一會兒須注意牛糞馬糞，一會兒又腳踩泥濘落葉，好不詩意。起伏蜿蜒的山路，一望無際的前方，這就是 Camino。

依朗爵酒莊 Bodegas Irache 提供葡萄酒免費暢飲，猜猜看左邊和右邊，哪邊裝的是酒

第一段路程：蜿蜒起伏的挑戰

如果說把 Camino 整體路程分為三段，我覺得從聖讓皮耶德波爾 St Jean Pied de Port 到布哥斯 Burgos 最為挑戰，路上風景變化最多、也是最美的。像是第一天的庇里牛斯山，不用說，蜿蜒的山路、遼闊的草原，還有山中森林，紫色小花山坡，讓你走起路來一邊為美景讚嘆，一邊也懷疑著，到底還要多久，真的能走到嗎？

第二天從倫賽斯瓦列斯 Roncesvalles 的修道院出發，起點時風景真是太誘人，青青草原，還可遠望剛升起的晨曦在天空中微微透亮，然後走入綠意盎然的森林，你會以為今天整段路都是樹木在頂上交織、微涼清爽，沒想到是我太天真。林中小徑彎彎曲曲，接著走入小鎮，正欣賞著小鎮居民屋外用運動鞋做的植栽創意，一轉角又走入山中。第三天先是在蘆葦叢中、披荊斬棘。轉身又走在柏油公路上，一旁的大巴士呼嘯而過，踏在上坡的碎石頭路上，完全沒有遮蔽物，陽光四射。

還有進入潘普洛納 Pamplona 時，則是中型的城鎮風光，看教堂、看建築，還有大馬路旁現代化的超市和餐館。途中也有向日葵花海、橄欖樹、葡萄樹，來個幾公里讓你望而哀嘆的上坡石頭路，滿身大汗的走完後，又是一大段欲哭無淚的下坡路，真是折騰。但每每當你看到寬恕之峰上的美景，葡萄酒莊外拿著杯子裝著葡萄繼續走！這就是第一段的挑戰。

第二段路程：平坦中帶來另一種寧靜

　　第二段從布哥斯 Burgos 到萊昂 León 的路程，很多人會選擇跳過或是坐車，因為相較於第一段，這一段的風景較為單調，多是較為平坦的麥田或是玉米田，或是緊鄰著公路旁走著。然而即使是依著公路而行，都有前人種著一排整齊的樹木為你遮蔭，風徐徐吹過來時，樹葉悉悉窣窣的奏起獨特的大自然協奏樂曲，會讓你覺得好幸運，此時此刻能走在這裡。這一段路只有在卡斯楚赫里斯 Castrojeriz 出發前往夫羅米斯塔 Frómista 時較為艱難，因為會經過一段 1050 公尺的好漢坡，很多朝聖者會在前一天相互預告著：「明天有大挑戰！」。

　　說真的，當天我們是一大早出發沒多久就開始爬坡，當時還算體力滿滿，相較於朝聖之路的前幾天路程，這簡直是小巫見大巫，不算什麼。反而覺得之後要下坡，又在長長的平原中走幾公里，才能進到小鎮，有點難耐。

　　接著是最後一段，從萊昂 León 到聖地牙哥 Santiago，前面還好，但從拉巴納爾之路 Rabanal del Camino 到莫利納塞卡 Molinaseca，因為要一睹費羅十字架的神聖風采，需要走一段碎石頭路的緩緩上坡。本以為當天出發走幾百公尺就可以看到十字架，沒想到竟然走了 2 個小時。雖然揮汗辛苦行進，當看到費羅十字架高聳矗立，下方擺放許多石頭和照片，都是來自世界各國的旅人帶

費羅十字架前仰望藍天，誠心祈禱

Frómista 好漢坡完成之後的下坡路，前方還是路迢迢

來為家人祈福的。還有很多是朝聖者攜帶家鄉的石頭到此置放，彷如放下心中罣礙，每個人抬頭仰望藍天，心中各自有各自的祈願。

　　然後又是長達 10 幾公里的下坡路，穿梭在原始森林、碎石路、大塊削片的岩石路，有時上、有時下，下坡的幅度真的很大，萬一沒留心，扭傷就麻煩。回想起來，還好當時沒下雨，否則一定會苦不堪言。

　　記得從十字架下山時，中間有個人煙稀少的小鎮，喝咖啡時遇到來自瑞典的母女，媽媽因為腳不舒服，決定後面的 11 公里坐計程車。等我續走時，覺得這對她真是個明智的決定，因為一旦走上是回不了頭的，前不著村、後不著店，你只能硬著頭皮走完。後來我才知道不少人在這一天膝蓋或是腳踝都受了傷，即使像我們幸運的腳還 OK，也是一邊謾罵一邊走完。

　　我個人覺得這一天的難度堪比庇里牛斯山，有過之而無不及。坦白說，我個人建議最後的 11 公里不妨選擇坐計程車，身為熟齡者體驗了一段下坡路後，認真覺得沒有必要冒著受傷或是膝蓋過度損傷的風險。

　　不過最後五天從薩里亞 Sarria 出發後，整個路途就好走了。朝聖之路因為走最後 100 公里也能拿到證書，所以很多人是從薩里亞 Sarria 開始加入的，這算是大眾觀光行程，所以難度不高，起伏不大。路上的城鎮很多，Bar 也多，沿著 N957 公路而行，樹木涼蔭相對起來，是容易的。但仍不時會出現驚喜，記得有一天當我走了

費羅十字架之後的下坡路,讓我們是一邊罵一邊走完!

好長一段的鄉間小路後,突然聽到前面的旅人不斷驚呼,原來微光
中,鄉間小屋迷霧繚繞,好似童話世界的美景。越接近終點聖地牙
哥 Santiago,舒服好走中,景色依然多變。

最常被詢問的三個問題

回來之後，很多朋友最喜歡問我三個問題，「會迷路嗎？」坦白說，不太容易迷路。Camino 這條路已經一千多年了，算是一條配備清楚的路線，透過官方的 App 或是 Google Map，你可以隨時知道自己的定位和路線。再者還有「黃箭頭」輔助你。

從第一天開始，踏上旅程後，你會越來越習慣去尋找黃箭頭。朝聖之路中，每當你不知道要往哪裡走時，你會發現電線桿或是森林樹木，垃圾桶或是小鎮牆上、門口都會有黃箭頭，指示你左轉，還是右轉。即使走入原始的田野森林，當你滿心狐疑自己走的路是否正確時，地上也有之前的朝聖者用石頭擺放箭頭指標，讓你感受到西班牙人和朝聖者的貼心。所以即使是一個人走，也不需要擔心會迷路。

隨處可見的黃箭頭

第二個問題是「會遇到野獸嗎？尤其在山裡？」說真的，我們從來沒有遇到過。甚至在阿斯托爾加 Astorga 前，走的人都不多，每個人的腳速不同，相隔也算遙遠。人都少見，野獸更少，只有在走路的時候，除了會看到一旁的山林有人放山飼養的羊群牛群，還真的沒有看到任何的野獸。但西班牙最有趣的就是養的狗都很大隻，很多在台灣從沒見過的狗狗，都在西班牙看到。

我想應該是土地遼闊，空間大，可以恣意活動，因此都是大狗，而且友善。我在走朝聖之路中，有次遇到牧羊人趕著羊群過馬路，當時看到遠方萬頭鑽動、正好奇究竟是什麼時，隨著他們接近，突然發現是牧羊人和 3 隻牧羊犬趕著羊群時，真是超級興奮的，這可不是每個人都有機會遇到。

第三個問題「想上廁所，怎麼辦？」朝聖之路，沒有公共廁所，有些人會趁著到 Bar 時，點杯飲料，順便解放。但 Bar 也不是隨時可以找到，很多荒郊野外，基本上就是找地方自己解決，回歸自然。去之前我準備了好幾個密封袋，自己的垃圾自己帶走，想著到時候，就看看附近有沒有草叢，或是找大樹遮蔽。

事實上，我必須說，你真的不會為了找別人看不到的地方，而多走幾步路的，你只想保留所有的體力。所以大部分有想解決的慾望時，就會前後左右張望，看就近有無隱蔽之處。當然一開始會有很多的放不下，但心裡障礙必須突破，還要快狠準，即使當你解放起身時，一輛腳踏車突然穿過，你也要若無其事地繼續走。還有，有

些朝聖者會直接把衛生紙丟在野外，當你自覺找到一個絕佳地點，走入卻發現很多小白花時，你會知道英雄所見略同，這是朝聖者在解放上的選擇默契。

　　Camino 的路就是這麼有趣，它不單一，它多變，超越你的想像。不論起伏或是平坦，不論是鄉鎮或是平野、高山，都帶給你不同的挑戰，隨之而來，也有不同的想法與心境，你隨時在自我對話，自我解構。

❶用石頭堆成的箭頭 ❷這裡可能是上廁所的好所在，竟然掛著禁止解放標誌

我 的 最 佳 旅 伴
Mr. K's note

To pee, or not to pee, that is the question

一路走來對於上廁所（尤其是女性同胞）和是否要去 Bar 喝咖啡（順便上廁所）有一點心得：

上廁所

邊走路就要注意，前後有人嗎（相對速度如何）？有樹嗎（樹旁的草是高或低）？路有轉彎嗎（有死角嗎）？一旦決定了就要

快：準備好前置作業，清空手上的東西，準備好衛生紙，並想好預備動作。

狠：一旦決定了要上就不反悔，管他等一下是否有腳踏車衝過或者旁邊大馬路是否有車突然出現。反正我曬得黑黑的，以後也不會有人認得我。加上我滋養了大地，西班牙感謝我都

來不及了，有什麼不好意思的。

準：看好位置就不猶豫。但切記不要造成自身的危險。不要讓樹枝刺傷，更不可以掉到水溝裡。

Bar

去 Bar 喝咖啡固然可以上廁所，但是喝完咖啡是否會更想尿尿？我要到這個 Bar 或下個 Bar 呢？會不會過了這個村沒有那個店？

斷：要去不去都可以，決定了就進去。反正 Camino 路上的咖啡都很便宜，做錯決定也沒太大損失。

捨：如果錯過了就不回頭，回頭就是浪費體力。

離：離開了就不要再去想，等到下一間 Bar，到時就直接進去。

我 的 旅 行 筆 記
Mrs. Tina's murmur

朝聖之路各段路程
難度等級評比

　　關於 779 公里路程我們走了 35 天，另外因為在 3 個城市各多留一天，所以總共花了 38 天走完。我依據路程分為難度 1～5，如果第一天翻越庇里牛斯山的 25 公里列為 5 等級，我把自己花的時間和每段路的難度等級評比如下，給您參考：

天	行程起點	健行終點	距離（公里）	時間	難度
1	St Jean Pied de Port	Roncesvalles	25	10h	5
2	Roncesvalles	Zubiri	25	8h	4
3	Zubiri	Pamplona	23	7h	4
4	Pamplona	市區觀光	-	-	0
5	Pamplona	Puente la Reina	24	8h	4
6	Puente la Reina	Estella	23	7h	3
7	Estella	Los Arcos	21	6.5h	3
8	Los Arcos	Logroño	29	8.5h	4
9	Logroño	Nájera	29	8.5h	4
10	Nájera	Santo Domingo	21	7h	3
11	Santo Domingo	Belorado	23	7h	3

天	行程起點	健行終點	距離（公里）	時間	難度
12	Belorado	San Juan de Ortega/ Atapuerca	24	7h	4
13	San Juan de Ortega/ Atapuerca	Burgos	26	7.5h	3
14	Burgos	市區觀光	-	-	0
15	Burgos	Hornillos del Camino	22	7.5	3
16	Hornillos del Camino	Castrojeriz	21	6h	3
17	Castrojeriz	Frómista	25	7h	4
18	Frómista	Carrión de los Condes	20	5h	2
19	Carrión de los Condes	Ledigos	23.4	6h	2
20	Ledigos	Sahagún	15	4h	2
21	Sahagún	El Burgo Ranero	18	5h	2
22	El Burgo Ranero	Mansilla de las Mulas	19	5h15	2
23	Mansilla de las Mulas	León	19	5h	2
24	León	市區觀光	-	-	0
25	León	Villar de Mazarife	20	5.5h	2
26	Villar de Mazarife	Astorga	32	8.5h	3
27	Astorga	Rabanal del Camino	20	5.5h	2
28	Rabanal del Camino	Molinaseca	25	86h	5
29	Molinaseca	Villafranca del Bierzo	32	8.5h	4
30	Villafranca del Bierzo	Las Herrerías de Valcarce	20	5h	2
31	Las Herrerías de Valcarce	O Cebreiro	8.5	3h	3
32	O Cebreiro	Triacastela	20	5h	3
33	Triacastela	Sarria	19	5h	2
34	Sarria	Portomarín	22	6h	2
35	Portomarín	Palas de Rei	25	6.5h	2
36	Palas de Rei	Arzúa	29	7h	2
37	Arzúa	Rúa (O Pino)	20	5h	2
38	Rúa (O Pino)	Santiago	20	5h	3

肉腳行不行？
距離見真章

700 多公里，如何瀟灑走一回？

　　30 幾天，779 公里，每天到底該走多少公里呢？其實這並沒有一定的答案，端看你自己如何決定。甚至，你也不一定要一次走完。來 Camino 之前，我看到的資訊，大部分的人都是一次走完；來了之後，我發現其實不一定要如此安排。

　　舉例來說，像是住在西班牙南部的 Willian，他和太太就分三次走，去年他走聖讓皮耶德波爾 SJPP 到布哥斯 Burgos，今年他走布哥斯 Burgos 到萊昂 León，然後回去工作，剩下的一段，預計明年完成。我遇到 Navaja，她 62 歲，是一位來自奧地利的國中老師。她說自己已經走過 Camino 11 次，往年每次放暑假時，她都會來走幾天的 Camino，沉澱一下整學期教學工作的煩躁，她喜歡這段路帶來的獨自感與寧靜。2 年前她從學校退休，今年她選擇走布哥斯 Burgos 到聖地牙哥 Santiago。

　　坦白說，初次聽到她說走 11 次時，我心裡著實納悶著：「為什麼同一段路要走 11 次？」如果可以，我應該會選擇不同的路去走，畢

竟這世界上有太多國家、太多地方可以走，好像不需要相同的路走 11 次吧！不過，走完之後，我的想法是有些小小改變的。

當然，我必須說這些人住在歐美，無論是坐火車或是搭飛機前來西班牙，都比台灣方便許多。從台灣過來，飛機加火車，得花上大約一天的時間才能抵達，無論是時間或是金錢

山路擺攤餐車做小憩，偶遇趕路的 M

的消耗，大部分的人都希望能一次完成。另外，台灣的工作者假期不長，主管若聽到要請這麼長的假，保證翻臉。因此在這些限制下，我遇到幾位來自台灣的年輕人，都是匆匆趕路的。

M 小姐大約 30 幾歲，趁著工作轉換之間來走，我們是在某段山路中的擺攤餐車遇到她的，因為假期有限， 所以每天她都走上 30 幾公里。那次偶遇，幾句閒聊後，她就道別趕路，我記得她大約早我們 10 天左右到達終點。還有一位皮膚曬得黝黑的 R 先生，他在台灣就是個健行咖，徒步環台過三次，來 Camino 每天最少 30 公里，有時甚至一天走到 45 公里，身強體壯，揹上是大背包、二邊掛著健行鞋晃啊晃，左右網袋放著香蕉和礦泉水瓶，一身瀟灑，卻也是走得匆匆。

我熟齡且肉腳，折騰不得啊

但我可不想這樣走，每個人需求不同，而且想想我會來 Camino 走幾次？也許這輩子就這麼一次，我不想錯過這些風景和體驗。我既不需要像 YouTuber 拍片，也沒體力像年輕人衝衝衝。所以就按照當初旅行社的安排，一般人走的行程，每天大約 20 ～ 30 公里之間，最短的一天 8 公里，只有一天；最多有 34 公里，27、28 公里的日子也不少。

另外，不只是距離遠近的問題，還有路途起伏坡度需考量，即使是 20 公里，如果是爬坡又整路無遮蔽林蔭，辛苦程度可不在 30 公里之下。

每個晚上，我和 K 查閱著隔天的距離與路程狀況，會經過小鎮嗎？有補水和食物的地方嗎？需要揹多少水量？大約要走幾小時呢？應該幾點出發？

猶記得第一天 25 公里翻越庇里牛斯山的路程，我們整整走了 10 個小時，從上午 7:00 走到下午 5:00 才到達修道院，雖然我們還算是休閒不趕路的走著，但我必須誠實地說：到達時，我連樓梯都爬不上去，真的是舉步維艱，想著明天到底要如何走。

睡了一覺後，體力好像又可以了。接著走第二天的 22 公里，8:00 ～ 16:00，本想當天沒有需要爬山，應該是比較容易地，沒想到最後又殺出一段碎石路，又是下坡，走來太辛苦，花了比我預估

起伏又無遮蔽林蔭的路，走起來是辛苦的

的時間多很多。第三天，早上 8:00 走到下午 3:00 才走進潘普洛納
Pamplona 的城門，心裡才歡呼著，結果高興得太早，城門距離旅
館可還有 2、3 公里呢！

走路和人生都需要妥善配速

　　K 計算我們的腳程時速大約 3 點多公里。如果路真的很平坦，也許可以達到 4 公里；但若是遇到艷陽高照或是上坡陡路，可能會降到 3 公里以下。不得不說，當我從潘普洛納 Pamplona 走到蓬特拉雷納 Puente la Reina 的那天，我刻意的在上午出發時，加快速度，希望趁著體力好時多走一點，看能不能下午輕鬆點。沒想到試了 2 天後，下午還是累個半死。

　　檢討之後，發現只顧上午是不行的，當上午耗盡全力，下午只能苦撐；就像人生不能只顧上半場，下半場還是得留點時間和體力好好玩，我不想像有些人前半百，努力打拼為了退休後想過好日子，結果一退休，病痛連連，反而都在還上半場的身體債。

　　我一邊走著，一邊開始反省過去自己是不是在人生中，也常常自顧自地衝太快，不小心讓身心陷入耗竭的危機。還好自己是幸運的，因為做諮商的工作，常常在個案的故事中反思自己的人生，重新調整。走路與人生都一樣，配速都很重要。尤其年過五十後，人生下半場，配速更是一門功課，工作與生活的平衡拿捏，也是大考驗。

　　於是我重新調整，把力氣平均分配到上下午。之前因為怕太晚到達旅館，所以中間不太敢在 Bar 休息，現在開始試著在中午時找個 Bar 喝個咖啡，或者路邊小憩一下，感覺好像比較 OK。但之後面臨從洛斯阿爾科斯 Los Arcos 走到洛格羅尼奧 Logroño，以及隔天早

上再走到納赫拉 Najera 這二天的 29 公里，就真的很折騰人。

我記得到達納赫拉 Najera 那天，走過大橋，明明二邊風光明媚，綠意盎然，但我完全沒有心思看風景，心裡只是不斷地嘀咕著：到底還要走多久才會到旅館？我覺得雙腳好重、腳底板好痛，幾乎是拖著腳步，半走辦爬地進入旅館，小小梳洗、恢復點體力後，還趕緊去藥房買消炎藥膏，心裡擔心萬一明天走不了，怎麼辦？

當然，一覺醒來，明天還是繼續走。

之後，說腳不痛是騙人的，每天走完距離都覺得腳底痛、腳踝痛；然後是小腿痛、膝蓋痛，每天睡覺前都在想：會不會明天走不了，走不了就搭車吧！但事實上，一覺醒來，好像覺得自己又還可以，於是我又繼續上路。

再長的路，也要喝杯咖啡再出發

因為是旅行社安排的路程，事實上，我根本不必擔心太晚到，會找不到庇護所睡覺。我在途中遇到的 Jerry，來自台灣，他說有一天在蓬費拉達 Ponferrada，他敲了好幾家庇護所都沒床位，最後終於找到一家旅館，要價 80 歐元，但他毫不猶豫就訂房，累到只想讓自己安心睡一覺。從此之後，他都提早 2 天思考接下來的行程，以及到哪裡落腳睡覺，然後把庇護所的床位先訂好。不過，我不年輕了，也不喜歡在旅途中，每天還要為這些事情操心，還要為了有床位或

是好床位而不斷的趕路。再加上西班牙的八九月，太陽 21:00 才下山，我悠哉悠哉地走，都不怕沒地方睡，心裡很踏實的。

我告訴自己：「慢慢走，沒關係的」這是你自己的旅程，沒有要跟誰比走得快，也不需要比誰先到達，你只需要好好走到即可。在心態與速度的調整之後，我每天只要認真思考：「今天要如何分配體力和時間，如何休息和重啟，把旅行社安排的距離走完。」

所以 30 幾天的行程，除了第一天之外，我們每天都配合旅館的早餐時間，用完早餐、喝杯咖啡振奮精神後再出發。整體而言出發的時間從 7:00 ～ 8:30 都有，和很多朝聖者清晨 5、6 點出發，下午 1、2 點到達的走法不太一樣。

記得有一天遇到一位來自台灣的夥伴，年約 50，她說中間有一段她用「偷渡」完成，20 幾公里的路程用搭公車的方式。她說當時覺得有點丟臉和心虛，好像自己偷偷佔了便宜。沒想到一坐上公車，車上竟然有 10 幾個外國朝聖者，才發現原來很多人也都因為受傷，而搭公車前往下一站。

我和 K 本來覺得自己很遜，走在路上每每被其他朝聖者超越。後來才知道，很多表面上看似健步如飛，背後可能是逞能好強，膝蓋發炎、腳扭傷或是長水泡，中間用搭車跳過，我們反而是一步一腳印，慢歸慢，但每一步都很真實，更重要的是，我們全程都沒受傷，健康平安地回家。

嘿嘿嘿！想搭計程車也沒關係

我想說的是，搭計程車也是沒關係的。你愛怎麼走就怎麼走，何必在乎他人的評價。重點是「不要帶著傷回家，你是來體驗和學習的，又不是來競賽和受傷的。」

牆壁上偶爾會看到計程車號碼

讓我來舉二個例子，一個是來自美國亞利桑那州的 Dana，她說這次來 Camino 是因為自己今年 65 歲，所以送給自己 65 天的假期，預計走完法國之路後，再到葡萄牙玩。結果走完前 10 天後，她覺得太辛苦，沒有愉悅之感，中段改請旅行社協助安排租借腳踏車，布哥斯 Burgos 到萊昂 León 用騎腳踏車完成，我們在布哥斯 Burgos 遇到她時，正準備隔天的騎車配備。在萊昂 León 又遇到她時，她說這段路騎夠了，她又開始想走路了，所以後面就再回到用走的。

來自加拿大的 Joan 也 60 幾歲，她一個人走。在中間我們巧遇幾次，每次都在途中某個 Bar 遇到她，聽她說今天走 10 幾公里已經夠了，後面到旅館的行程她要搭計程車，不想搞個身心俱疲、生病回家，她覺得自己這把年紀，來走 Camino 是來享受放鬆，而不是來找罪受的。我還私下請教她，到底要如何搭計程車。雖然我有時會在城鎮的牆上或是 Bar 的牆壁看到 Taxi 電話號碼，但用手機直撥

嗎？從她口中獲取相關資訊後，至少讓我安心，備而不用。

更有意思的是，在前往奧塞布瑞依若 O Cebreiro 的山路上，我們竟然發現後方有人騎馬接近，原來在 Herrarias de Valcarce 可以向馬場預約馬匹，馬場主人隔天就帶你騎馬前進奧塞布瑞依若 O Cebreiro，整個路程大約 8 公里，每個人費用 50 歐元。看來 Camino 的交通工具之多元，超越我們的想像。

難怪我在走 Camino 時，看到很多熟齡的外國人，7、80 歲的都有。但相對的，東方臉孔或者是台灣人，超過 50 歲的真的很少。台灣來走的，年輕的比年紀大的多，女性又比男性多。K 說這究竟是因為台灣男性職場包袱較大，養家活口的期待較難拋下？還是台灣女性比男性願意冒險和挑戰呢？

想起我最初要來走時，心裡也很害怕，一定要住庇護所嗎？一定要一次走完嗎？一定要用雙腿走完全程嗎？我發現這些資深的外國熟齡者，都沒有因為年齡或是體力的限制，反而用他們可以的、想要的自在方式，去完成自己想要的夢想。

我覺得整個人生視野，頓時開闊了起來，這麼多熟齡者用著他們喜歡的拼裝方式，無論是距離長短，或是走路、騎馬、騎單車、騎摩托車、搭公車或是計程車來走 Camino，組合方式都有自己的想法和風格。

我才發現原來自己人生的下半場還有許許多多的可能，何必自我限制？無論是旅行或是生活，想要如何組合或是揮灑，都握在我手

O Cebreiro 的山路上，騎馬前進的朝聖者

裡。於是我越來越自在的享受著屬於我的 Camino，我的 Camino
要怎麼走，就怎麼走。只要我喜歡，有什麼不可以？

我 的 最 佳 旅 伴
Mr. K's note

原來，他們都是這樣
叫計程車的

一直很好奇，如果真的走不動，到底要如何叫計程車呢？坦白說，我們也不知道該問誰。雖然偶爾在 Bar 或是路邊的牆上會看到計程車的號碼，但我想這應該不是我的手機可以一撥就通的，再者可能還有語言溝通的問題。

後來在幾次的 Bar 遇到 Joan，聽她談及今天走路走夠了，後面決定搭計程車時，我終於忍不住詢問，她都是如何搭計程車的。原來真的很簡單，她就是進 Bar 喝個飲料，然後請服務人員協助 Call 計程車，並一併將要前往的目的地請其轉告。Bar 的人員都很和善，很願意幫忙朝聖者。

那計程車是如何計算費用的呢？跟台灣一樣，也是按照跳表計算。

只不過有二點需要注意。一是搭乘的距離至少要超過 10 公里以上，畢竟車子是從鄰近的較大城鎮開過來的，所以沒有一定長度的距離，他們可能不願意載，還是要體諒他們有成本的考量。

二是你也不能在荒山野嶺突然走不動，這樣計程車不會願意過來載，加上也很難開入田野小徑。如果真的遇到受傷或是走不了，這時我想你應該只有二個選擇，要嘛慢慢走，一步一腳印的苦撐，不然就是叫警車或救護車，請他們想辦法比較快，但費用的部分，我就不得而知了。

不過因為 Camino 法國之路這條算是知名的路線，走在路上，有好幾次看到警車穿梭巡邏，讓人感覺很安心。還有我們也曾經在知名的景點寬恕之峰上，遇到警車一邊巡邏，還一邊貼心地主動向每個朝聖者遞上名片，告訴我們如果臨時有狀況需要求

欣賞寬恕之風的美景之外，還遇到和善的巡邏警車

助可以 Call 的號碼，真的是讓人感
到太太貼心了。

我 的 旅 行 筆 記
Mrs. Tina's murmur

我們也嘗試
搭過一次計程車

因為聽到 Joan 搭計程車，我和 K 都想搭看看，體驗在西班牙搭計程車的經驗，但是我們還是很想 779 公里徒步而行，所以就思考著怎樣來搭一次計程車呢？

終於，機會來了。從特里亞卡斯特拉 Triacastela 到薩里亞 Sarria 時，我們發現有的朝聖者會特別繞道去薩莫斯 Samos，因為那裡有個歷史悠久的修道院。記得在特里亞卡斯特拉 Triacastela 旅館用早餐時，同桌的西班牙夫妻還特別 show 了之前他們去薩莫斯 Samos 修道院的照片，極力推薦值得一去欣賞它的壯觀建築。所以我和 K 決定按照既有的行程走到薩里亞 Sarria，然後搭計程車到修道院一睹風采，再搭計程車回旅館。這樣既不違背我們全程走路的計畫，也能兼顧來到此地，不想錯過好風好景的心願。

當天到達薩里亞 Sarria 大約是 14:00，進城時還下了一場大雨，我和 K 都掙扎著是否還要前往薩莫斯 Samos。後來雨停了，我們請旅館人員協助叫計程車，結果沒想到因為下雨的原因都叫不到車，只能先回房間洗個澡再嘗試看看。約莫 1 個小時後我們再次嘗試，終於順利叫到計程車，旅館櫃檯還貼心的提醒我們最好也跟計程車司機約好回程的時間，以免在薩莫斯 Samos 找不到回程的車子。

第一次體驗西班牙的計程車，上車起跳為 4.6 歐元，跳表到修道院約莫 11 公里的距離，大約 22 歐元，司機先生也同意 18:00 載我們回程。一到修道院才發現並非可以隨意出入觀光，必須要參加導覽，17:30 剛好有一場，40 分鐘，會由裡面的修士

Samos 修道院歷史悠久，大約西元 6 世紀建造的

帶領我們觀光講解。我們決定參加，再提早出來，以免搭不上回程的車。

　　Samos 修道院是加利西亞最古老的修道院，歷史可以追溯到西元 6 世紀時建造的，它雖然不在法國之路的路線上，但現在有越來越多的朝聖者會願意繞道來此，欣賞其雄偉建築。講解的修士 80 幾歲了，和藹可親中自帶一種莊嚴的氣質，他風趣幽默的介紹著修道院的歷史和建築，以及小迴廊和大迴廊。

　　大迴廊長約 54 米，被認為是西班

小迴廊中間有個美麗的花園

我們是走到薩里亞 Sarria 後，搭計程車到薩莫斯 Samos 做個小觀光，值得一去

牙同類中最大的迴廊之一，牆壁有著很多關於宗教和歷史的壁畫。小迴廊則具有哥德式風格，中間有個巴洛克噴泉。修士耐心地帶領著我們穿梭在幾個重要的景點，每一扇門推開後的景緻都令人感到讚嘆，尤其想像這些穿著黑袍的修士，終其一生在這裡為信仰服務，令人由衷感佩。可惜的是修士說的是西班牙文，而我們使用的 Google 翻譯當天實在太不給力，所以只能含含糊糊地聽著，其他就只能仰賴他低沉嗓音中的情感細細體會，以及自己的雙眼努力欣賞。

因為無法提早出來，所以導覽結束時，我和 K 幾乎是用小跑步的離開，趕往約定的地點，真的很怕萬一被司機先生放鴿子，那我們可就得走 11 公里回去薩里亞 Sarria。幸而司機很有耐心地等著我們，載我們順利回到旅館。真可以說，當天的行程，我們一舉兩得，薩里亞 Sarria 加上薩莫斯 Samos，兩個 S 城鎮，完全是不虛此行，值回票價的難得經驗。

誰與同行？
Camino 路上的你我他

一個人走，有一個人走的自在樂趣

　　每次提到自己剛走完Camino，朋友在驚訝之餘，總是會問我：「你是跟團嗎？」

　　當然不是！基本上，我覺得要走 779 公里的全程，你是不可能參加旅行團的。如果你找旅行社的資料，頂多只會安排 5 ～ 10 天的走

路行程，找不到 30 幾天的行程。第一是因為每天要走 20 ～ 30 公里，個人的腳程不一樣，隊伍必然會拉得很遠，加上要互相等待，導遊難免顧前失後，最後一定落得抱怨連連。當然這種出國長達 30 多天，都在走路的健行團應該也招不滿人，難以成團，財務自由的應該不會想花這麼多錢來找罪受。

因此，根據我的觀察，朝聖者無論是來自台灣或是其他國家，大部分是一個人走，有的則是夫妻或是一家人。即使朋友結伴，通常也不會整路同行。人多是聊著天走著，走走又分開，各自用自己的速度前進著。

隨緣同行，也是不錯的選擇

有些獨自前來的朝聖者，如果在休息的庇護所遇到其他朝聖者，聊得來，可能就會結伴同行。像我遇到來自台灣的年輕女孩 H，她就和一個德國人、韓國人、日本人結伴行走，但即使如此，可能還是會在 Bar 或是路途上稍加等待，因為每個人的腳力不同。我記得在後來的路途再遇到 H 時，日本人不見了，改成多了一個香港女孩。

還有二位來自台灣的熟齡女性，她們是結伴同行的，但一個走得快，一個走得慢。走得慢的 J 告訴我，她們每天都訂好晚上落腳的庇護所，早上雖然一起出發，但各自以自己的速度到達訂好的住宿點，彼此為伴，也不相互牽絆。

　　會結伴的，最多的是夫妻，尤其是老夫老妻，年輕的夫妻也不多。一起走的夫妻，尤其是外國人，大部分都是退休人士，我想應該是因為相處久了，有了一定的模式和節奏，可以相互配合陪伴。另外還可以看到，較年長的夫妻，揹在身上的東西不多，行李大多託運，揹的就是簡單的一日背包，或是先生多揹一些隨身物品，太太專心走路。

　　就像我是幸運的，我和 K 一起同行，他的體力比我好，配合我的速度，陪我一起走。一開始的幾天我還揹著我的一日背包和水袋。後來體力不太行，常常到最後 1、2 小時，我的一日背包轉為他揹，好讓我的體力能續航。到更後面，索性我只背著胸前小包，裝著護照和錢包，而他把二個一日背包，換成他的大件健行包，好讓雨衣、外套和二人份的水量可以入袋，扣住胸前和腰際的扣環也讓支撐點較為適宜。

　　不過如果夫妻在台灣時就很少一起旅行，我個人是不建議結伴同行走 Camino。畢竟天數太長，又是長時間走路，尤其是我和 K 常常走到前無老弱、後無婦孺，一條路上彷彿天地之間，只有我們二個人。我笑說旅遊書上不是寫：「跟著其他的朝聖者走就對了」，為什麼我們根本看不到其他的朝聖者呢？

　　應該是我們走得太慢了，再加上薩里亞 Sarria 之前的朝聖者人數較少，分配在每天長長的路程，相隔的距離真的可以拉得很遠。我常常對 K 唱著：「Nobody, Nobody, but you!」因為大部分時間，

❶ K 揹了兩個人的一日配備：雨衣、外套、頸套袖套、帽子、水袋零食 ❷數數看，照片中有幾個黃箭頭？

　　在我眼前真的只有 K 一人。如果二人沒有一定的默契，萬一途中爭吵翻臉，一定很不好受。當然，如果有夫妻想要藉此磨合彼此的脾氣，這種嘗試的勇氣，我也是很鼓勵的。最後還是要提醒一下，如果想來這裡渡蜜月，那就千千萬萬還是算了吧。

　　走路的過程，最常看到的還是黃箭頭。雖然有黃箭頭指示，但有時你可能會面臨二個箭頭，指示你有二條路，一邊是路途平坦、距離較短、風景單調；另外一邊則是起起伏伏、距離較長、風光宜人。地上甚至伴隨左右二個箭頭，畫上哭臉，笑臉，你選擇哪一條？

進入最後 100 公里，人潮瞬間多了起來

　　還有，當看到你猶豫困惑時，其他的朝聖者會主動並友善地跟你交流、分享手上的書籍或是 App 資訊，然後彼此心照不宣的告別，留給你自己做決定。你會發現不管你擁有再多的資訊，你還是得做自己的選擇，因為後面走遠走近、迷路繞路，你都得自己負責。

　　想來人生似乎也是如此，不同的是，在這裡每個人在做決定時，都是平等和獨立的，沒有因為年齡、性別或是社會地位而分高下。日常生活裡，則有很多人喜歡指指點點別人的人生。尤其我必須誠實地說，根據諮商多年的經驗和觀察，當一個人生活得越是不如意時，他就越喜歡去指導別人的人生，倚老賣老、以愛為名的要求你走著他們認為較好的路線；或是有些人因為不想負責，就雙手一攤將決定權丟給別人，任由對方牽著，然後責備對方讓人生成為不是自己想要的樣子。但在這裡，你得負起責任，學會做決定。

　　所以往左往右？單調還是豐富？平淡還是挑戰？決定之後，馬上承擔選擇後的果實。有趣吧？

最後的 100 公里人聲鼎沸

　　如果你是從聖讓皮耶德波爾 St Jean Pied de Port 一路走來的朝聖者，走到最後的 100 公里，看到薩里亞 Sarria 開始加入的眾多遊客，應該會覺得超級不習慣。由於走最後 100 公里也可以拿到證書，加上難度較低且天數較少，因此在薩里亞 Sarria 人潮會瞬間湧入，

過往是前後幾公里都沒個人影，現在則是身邊滿滿的人，人擠人、各路人馬結伴同行，有家人有朋友，有社團，還有西班牙的學生校外教學活動。

以前是靜靜的一條路，聽風聲雨聲，鳥鳴聲，遠遠地，當你看到一個小鎮，一個 Bar，你會覺得超級開心的！現在則像是舉辦健行活動般，人山人海，絡繹不絕。甚至有些 15、6 歲的青少年一邊走著，一邊放著熱門的搖滾音樂，或是森林裡還會突然出現個街頭藝人，吹著蘇格蘭的風笛，整個讓人很錯亂。Bar 也是人滿為患，點個飲料或上個洗手間，都要排隊許久。一點也不寂寞，在擁擠之中，會讓你有種無名的討厭，質疑他們為什麼要來走 Camino？你會開始懷念之前，那種前後一望無際，只有自己踽踽獨行的孤獨感。

不過，我必須承認，每個人都有走 Camino 的權利。你可以去逛街購物，你可以去遊樂園呼嘯玩樂，但你願意和家人朋友一起走路，不是值得讚賞嗎？對於學生的校外教學，安排讓他們走上一段自己國家裡被列為文化遺產的 Camino，不也是一種文化的浸潤嗎？音樂也罷，喧嘩也罷，如果說前面的寧靜是一種 Camino，那麼後面的跳動，也是一種 Camino，誠如人生，不可能永遠是都是一種風貌，偶爾也會有大風大浪來襲，甚至讓你心裡很跳 tone 的錯愕發生，但都該接受的，這些也都是與你人生擦身而過的短暫同行者，陪你一段。

無論與誰同行，與誰相遇，共處多久，都該且走且珍惜的。

我 的 旅 行 筆 記
Mrs. Tina's murmur

小鎮居民濃濃的人情味

　　平常吃的都是日曬後、烘乾處理過的無花果乾，來西班牙之前，孤陋寡聞的我，根本不知道新鮮的無花果，其實是綠色的。

　　那天，當我們剛踏進埃爾武爾戈拉內羅 El Burgo Ranero 小鎮時，突然看到 Willam 夫妻在摘食一旁樹上的果實，Willam 發現我倆之後，立刻對我們揮揮手，告訴我們這些栽種在路旁，沒有被籬笆圈圍的算是公共財，任何人都可以摘食，並解釋如何判斷是否成熟可食。我這才知道，原來新鮮的無花果外皮是綠的，剝開來塞入嘴裡，品嚐起來是種甜滋滋的新鮮味道。

　　一旁 Bar 的夫妻和他們的孩子熱情迎面跑來，還拿著一籃剛摘下來的無花果和袋子，要我們裝著帶回去吃。面對我們的困惑表情，他們爽朗

無花果的滋味，原來是甜中帶有濃濃的人情味

的說著：「It is free！」看我們含蓄的只拿幾顆，還慷慨地拿起袋子猛塞一堆，送給我們。

　　西班牙小鎮上的居民們，大部分都對朝聖者相當的友善。我們也邀請他們拍張合照，為這濃濃的人情味，留下紀念！

我 的 旅 行 筆 記
Mrs. Tina's murmur

潘普洛納城門前，
燦爛如花的笑容

在進入潘普洛納 Pamplona 的城門前，我們正打算拍照留念時，突然有個聲音響起：「要幫你們拍張合照嗎？」原來是個西班牙年輕媽媽熱心地主動詢問。

拍完之後，看著她身旁可愛的小女孩，我們忍不住探問：「可以和你的女兒拍個照嗎？」沒想到，她也欣然同意。當小女孩知道我們想要和她拍張合照時，她的表情既驚訝又害羞，但看得出來很開心，笑得燦爛。

看著她一身水藍打扮，綁著精巧的辮子，手裡抱著洋娃娃，像個小公主般，旁邊的小狗是保護她的侍衛。我們則是她微服出巡，偶遇她的臣民呢！

潘普洛納 Pamplona 城門前遇見可愛的小女孩

打鐵的藝術家

在離開星星鎮 Estella 要到依朗爵酒莊 Bodegas Irache 的路上，突然看到路邊有家店鋪，進去一看，結果是老闆親手製作的各種鐵器作品，琳瑯滿目、古樸有力。

我們仔細地欣賞他的作品，在挑選一些飾品後，邀請老闆合照。拍完照，老闆羞澀抱歉的對我們說，他的一個眼睛在長期製作鐵器時受傷，照相時他有用力睜開，希望照片還好。經老闆這麼一說，我們反而覺得不好意思。離開時老闆知道我們是台灣來的，還特別用中文說「謝謝！」

後來在依朗爵酒莊 Bodegas Irache 的路邊，看到一個招牌，發現原來就是剛剛那個我們進去參觀的店鋪。有趣的是，如果把網址 laforjadeayegui.com 拆開成 la forja de ayegui 我猜應該就是網頁上面翻譯出來的「阿耶吉熔爐」。我將購買的飾品，其中一個

❶靦腆害羞又認真的老闆，後方都是他琳瑯滿目的作品　❷具朝聖者代表的手杖貝殼飾品，你有看到其中 ayegui 的字樣嗎？

具朝聖者代表的手杖貝殼飾品，拿出來仔細端倪，果然在貝殼的背面發現刻有 ayegui 的字樣。

鐵匠的網址：www.laforjadeayegui.com

天氣很魔術，
雲彩很調皮

庇里牛斯山的晴空萬里

在庇里牛斯山洗個三溫暖

如果 Camino 路途的形式多變，那麼天氣不遑而論，變化也不少。

第一天走庇里牛斯山時，我們在清晨 7:00 微涼的氣溫中出發，身上穿著短 T 恤、刷毛外套，揹著雨衣，深怕走到一半，若是山上下起雨來會措手不及。

整個 10 小時的路程，從上午令人舒適的涼爽，到霧氣瀰漫中的牛羊，隨著太陽逐漸露出臉龐，不斷的上坡碎石路，開始汗流浹背。走到中午，山頂

庇里牛斯山的霧氣迷濛

柏油道路曲折，晴空萬里，陽光一望無際，脫到剩下短袖。然後突然飄來一陣大霧，前後能見度只有 5 公尺，氣溫驟降，微微細雨，又得一件件穿上。下一段路，只見突然的朗朗晴天，轉個彎踏入森林，則又是霧氣迷濛。這一天我們像是洗了個氣候三溫暖，感受到高山忽晴忽雨、忽冷忽熱，千面女郎的多變。

當初選擇八月中旬出發，是希望不要面對太炎熱的天氣，而不想

等到十月再走，是怕氣溫較低，帶著長袖和羽絨衣，重量增多。但千算萬算，該來的逃不掉，我們從聖讓皮耶德波爾 SJPP 到布哥斯 Burgos，還是遇到高達攝氏 42 度以上的熱浪。

八月下旬的日子，出發時的氣溫是攝氏 25 度，每一小時節節攀升，天空萬里無雲，烈日高照，中午時分已到達 34 度，接著繼續升溫，直到 42 度。你能想像走在攝氏 42 度的高溫下，前面看不到任何樹木或屋舍，腳下踩著碎石路，水不斷的喝，卻還是止不住乾渴，整個人就是化為一個字：「熱」，你不知道這條路還要走多久才會到達，但你心裡知道，逃不過豔陽四射！想要加快腳步，卻又欲振乏力，舉步維艱。太陽眼鏡、防曬乳、頸套、袖套，還是擋不住酷日的吞噬。天上熱、地上熱、整個空氣都是熱騰騰的。

午後的西班牙小鎮像一座空城

尤其走到下午 1、2 點時，心裡會想：「這麼酷熱，乾脆在小鎮上找個 Bar 休息一下、喝個啤酒降溫算了。」但是，首先你不一定剛好能在下午時分走到小鄉鎮，其次，就算遇到小鄉鎮，西班牙人很有趣，14:00 ～ 17:30 的城鎮彷彿是一座空城，街道空空蕩蕩，寂靜無聲，家家戶戶關上門、拉下窗，超市或 Bar 都關門，大家都去睡午覺休息，走在路上只聽到登山杖的扣扣聲，你會懷疑：這個小鎮，真的有人住嗎？然後走著走著，就逐漸習慣這種西班牙人的生活型

態，知道午後時光，別太癡心
妄想能看到店家營業。

在前往洛格羅尼奧 Logroño
的路上，那天攝氏應該有超過
40 度，酷熱的空氣加已經走了
20 幾公里的疲累，讓我顧不得
形象，直接坐在柏油路邊，找
棵樹的蔭影處，脫下鞋襪，心
裡喊著：「不玩了，不玩了，
我不要再走了！」但這才第 8
天，怎麼可能就此打住。更何
況今天沒走到目的地，路邊也
無法搭帳棚睡覺，不走，就到
不了旅館。休息 20 分鐘後，還
是乖乖地穿上鞋襪，繼續往前。

空無一人的午後城市

記得旅程中有 2 天的夜晚，酷熱難耐，睡意全無，我和 K 雖只穿
著小背心，卻還是全身熱汗直冒。逼得我們只能在午夜時分推開窗，
欣賞戶外夜景。但其實外面的空氣也是熱的，不懂為何夜色這麼美，
溫度卻降不下來，難以入眠。

我一度懷疑是否因為自己來自台灣，所以特別不耐熱？但想想，
台灣夏天悶熱潮濕，我應該比較耐熱才對啊？後來和其他朝聖者交

談，才發現那幾天睡不著的不只是我。

　　歐洲高溫的日子不多，家家戶戶很少裝冷氣。西班牙的窗戶多半是鐵片式的升降窗簾，可以遮陽避熱。

　　即使我們是住旅館，也不一定都有冷氣，對西班牙人而言，高溫熱浪，忍幾天就過去，冬天面對降雪酷寒的暖氣，可比冷氣來的重要。但對於我們這種走 Camino 的，即使是一天，因為酷熱而睡不著，都會影響明天的體力。怎麼辦呢？我和 K 還是只能接受，並在心裡想像，那些住庇護所的朝聖者，應該比我們更熱、更難受，沒甚麼好抱怨的，並祈禱接下來的日子溫度能降一點，降一度也好。

　　然後過了布哥斯 Burgos 後，氣溫真的變了，不再有之前高達攝氏 40 度的高溫，每天我們會開心的告訴彼此，今天是個適合健行走路的好天氣，秋高氣爽、風和日麗。

雲彩愛作畫，活潑又淘氣

　　我很喜歡西班牙的天空，晴天時抬起頭來，眼中是一望無際的藍天，沒有一絲雲彩的乾淨俐落，讓人看了熱血沸騰地想大步快走。

　　布哥斯 Burgos 到萊昂 León 這一段，因為道路較為平坦、少有起伏，很多人覺得單調無趣，但我反而特別喜歡這段路程。兩旁大多是田野景色，種著玉米、向日葵花、各種叫不出名字的植物，和雲彩相互映照，拿起手機隨手一拍，都各有不同的意境，讓人細細品

一望無際的湛藍，西班牙的天空，其實也很希臘

味。偶爾看到老鷹展翅遨翔、英氣凜然地飛過，令人感到陣陣驚奇。說真的，即使幾棵大樹矗立在旁，只要有雲彩加入，就像是最佳配角，也像是個化妝師，隨意地妝點幾筆，神奇的力量發生了，眼前就成為一幅生機盎然，趣味橫生的自然美景。

人家說：「山雨欲來風滿樓」，走在朝聖之路真正能感受到什麼叫做「風起雲湧」。陰天的時候，雲彩就像千層蛋糕似的，一片片層層堆疊，彷彿和光線在拔河，你來我往、互不相讓。雲彩也像個狂妄的魔鬼，張牙舞爪，用盡全力，發出怒吼，處心積慮阻礙你繼續前進。白色雲朵被黑色所渲染，濃淡之中，又是另一種潑墨風格。

終於，迎來第一場雨

然後在第 12 天前往聖胡安德奧爾特加 San Juan de Ortega 的前一晚，K 突然告訴我說氣象預報，明天氣溫降低、好像會下雨。

不得不說，我頂讚賞西班牙的氣象預報系統，說午後 1 點下雨、2 點放晴，常常都是真的。當天一早出發時，我們還特別穿上 Gore-Tex 外套。走在田野中，風徐徐吹來陣陣寒意，陰陰暗暗的，偶爾飄來毛毛細雨，但因為路面平坦，所以走起來相當舒服。出了小鎮後，開始有石頭路的爬坡，上上下下，辛苦就慢慢湧現。不一會兒，烏雲密佈、變化快速，時而飄雨、時而放晴，K 說：「還好今天都是毛毛雨，防風防水的機能性外套都算抵擋得住。」沒想到話剛說

完，雨勢就瞬間變大，外套裡只穿一件短袖，長褲都濕了，身子冷颼颼的，我們卻偷懶的不想拿出雨衣穿。幸好沒下太久，雨就停了。

另外一次，是從萊迪戈斯 Ledigos 走往的薩阿貢 Sahagún 那天，15 公里的既定路程算是短距離的，但因為前一天下了整夜的雨，路面濕濕的。出發前和幾位朝聖者交流，因為各自看的天氣預報平台不同，有的說整天有雨，有的說會打雷暴雨。有的說上午 9:00 之後就放晴，就看你相信哪一個？

小飛俠雨衣，終於登場

我們因為早上 8:10 出發時，天空飄著細雨，所以小飛俠斗篷雨衣直接上場。朝聖的第 20 天，我們終於把所有帶來的裝備全用上，真的是物盡其用，完全沒有白費力氣。整條路傍著 N-120 公路而行，雖不難走，但因為濕滑，必須步步為營。9:00 時，竟然神奇放晴。結果 11:30 又下起雨來，讓人掙扎著是否要拿出雨衣穿？眼見雨勢加大，只能取出，等到我們費盡氣力穿戴好，雨又停了。腳底踩著泥濘黃土，鞋子雖然防

水，但也是從沾滿泥巴到又被大雨沖刷乾淨，只能慶幸自己的襪子還是乾的。因為當天只有 15 公里，我們順利的在 12:20 到達旅館。沒想到下午 14:00 太陽露出帥氣臉龐。這天氣跟人生一樣，變化莫測，時雨時晴。

老天爺總愛對天氣、對人生開玩笑

還有最後從特里亞卡斯特拉 Triacastela 到聖地牙哥 Santiago 那幾天，老天彷彿在捉弄我們似的，每次走到快接近當天的目的地時，就會突然來場傾盆大雨。記得前往波爾托馬林 Portomarin 那天，進城時必須先經過經典景點—水壩大橋，然後爬上階梯、穿過城門。本該豪氣萬千的箭步而行，但我的臉被突如其來的大雨打溼、Gore-Tex 外套擋不住風雨，偏偏那天的旅館距離城門還要再走 2 公里，旅館位居河岸邊，號稱推開窗就可以欣賞岸邊美景，但我的心裡卻是欲哭無淚。

到達時，旅館有點像烏來的世外桃源，一大片果園，果實纍纍飽滿，令人垂涎三尺。但我只想趕快脫下全身濕答答的衣服，完全沒有任何欣賞的興致。結果，進房間洗完澡，窗外又是陽光四射，朗朗晴天，讓人不禁懷疑：剛剛那場大雨是夢境一場嗎？

最後五天，雖然沒有高溫，但霧氣不少，有天從阿爾蘇阿 Arzúa 出發，整個上午都是霧濛濛的，彷彿罩上一層薄薄的面紗，偶爾透

爬 Portomarin 城門階梯時，真的是苦不堪言

出微微陽光，但馬上又被白霧壓制。這五天，有時風雨、有時晴。尤其最後一天往聖地牙哥 Santiago 出發時，心底知道中午會有一場大雨，但仍然滿心期待天氣預報能失誤，多希望到達終點時，可以站在聳立雄偉的聖地牙哥教堂前，在蔚藍天空下拍下抵達照，作為我和 K 完成朝聖之旅的慶賀。

遺憾的是，進城時還是躲不過這場無情的雨，無奈中只能再度穿上我的小飛俠雨衣，繼續前進。一步步穿梭在兩旁的店家中，往教

最後 100 公里，每天常常是在霧氣迷濛中出發

堂走去，到達時，迎接我們的竟然是超級好天氣。藍天白雲，美不勝收，老天爺總有自己的安排，我和 K 欣喜萬分的收下這令人感動的賞賜。

短袖長袖、短褲長褲、刷毛薄外套、Groe-Tex 擋風防水外套，還有雨衣，袖套、頸套，沒有一件是白帶的，全部都派上用場。不管晴天陰天、颱風下雨，攝氏高溫也罷、霧氣渺渺也罷，我們的服裝靈活百搭，讓自己往前行進，每天都有目的地，都得全力以赴讓自己順利到達。

但回頭想想，人生好像就沒那麼簡單，沒有人幫你安排每天的目標，也沒有人告訴你每個年齡或階段，該有的任務或成就。時間是公平的使者，在歲月的面前，任何人都得臣服，春夏秋冬，時光流逝，從來沒有為誰特別駐足或停留。

日子一天一天的過著，我們的年齡也是不斷地前進著，你打算怎麼過呢？

老天爺給我們的禮物－聖地牙哥教堂的蔚藍天空

我 的 最 佳 旅 伴
Mr. K's note

黑白配，男生女生配

朝聖之路的旅途中，我們遇到最高溫 42 度（8/25/2013），也遇到過 8 度低溫（8/28/2013），晴天雨天當然更不用說。因此我建議想走朝聖之路的人，最好前一天先查閱隔天早上當地的氣溫和目的地的下午狀況，大概就可以掌握衣服的穿戴。尤其是天冷或下雨時，則可以考慮洋蔥式的穿法。以下是我們的做法，提供給大家參考：

天氣炎熱時的衣物穿戴

帽子： 有帽緣的 Smartwool 帽子，除了可以防曬，如果犯懶沒洗，也不會臭。

太陽眼鏡： 西班牙的陽光太燦爛，建議一定要戴太陽眼鏡，免得走完一天頭昏眼花。

頸套： 要不要戴，端看個人。但是對於容易曬傷的我來說，頸套除了可以保護後頸皮膚，必要時可以拿來遮口鼻、防蚊蟲，當忍者。

上衣： 我比較會流汗，所以都穿超透氣最新一代的 Odlo T-shirt。Tina 比較不容易流汗，所以喜歡觸感較好的純羊毛 Smartwool 短 T。

袖套： 如果你無法一大早摸黑出門，或能避開中午時刻，遇到炎熱的太陽和一望無際的平地時，我想你最好還是穿袖套。

褲子： 我因為在 SJPP 第一天就曬傷腳，所以全程都穿長褲。我的 Odlo 薄長褲只要穿過當天一定洗，而且因為透氣快乾，晾曬之後隔天一定乾，馬上就能再度穿上。Tina 怕熱又不怕曬，所以 Haglofs 和 Odlo 的短褲、長褲，就看心情交替搭配。

襪子： 推薦選穿純羊毛 Smartwool 襪子（我們用 LIGHT CUSION）。

烈日下，穿上了全部配備

天冷或風大雨大時的衣物穿戴

帽子： 如果沒下雨，Smartwool 帽子最好戴著，免得冷風吹得頭痛。風大時把繩子拉到下巴，就不怕被吹走。

頸套： 除了可防曬，也可以防止冷風直撲而來，灌到衣服裡，還可以戴在頭上耍叛逆。

上衣： 即使天冷，我還是會先穿一件 Odlo 的短 T-shirt。這樣爬山流汗或是天氣變熱時，可以直接脫下外衣。T-shirt 外面，我會多加一件 Odlo 的長袖或者 Odlo 的內裡刷毛薄外套，最外面再套一件有帽子的 Haglofs Gore-Tex 外套。即使遇到 10 度左右的氣溫，這樣穿一開始雖然會有點涼，但走段路行動後，身體升溫，就可以把裡面的長袖脫掉。

褲子： 我跟 Tina 的 Haglofs 防潑水軟殼褲，足夠應付八九月的天氣。

襪子： 我們各自帶 3 雙純羊毛 Smartwool 襪子（LIGHT CUSION），平常是 2 雙短筒的輪流穿，天冷時就穿中筒的。

鞋子： 我們買鞋時看的都是 Gore-Tex 的 HOKA 和 SALOMON 健行鞋。雖然一開始考慮要買 SALOMON，但考量山路不是太難走（雖然還是要小心避免扭傷），所以最後選擇重量較輕且適合健走的 HOKA（可以從頭走到尾）。其實 SALOMON 也是很受歡迎的，我們遇到不少外國人穿 SALOMON 鞋款，一切看個人的喜好和習慣，二種都適合走朝聖之路。原則上鞋子要在台灣先穿習慣，才比較合腳，但不建議攜帶磨損太嚴重的鞋，免得路上買的新鞋不合腳而長水泡或破皮。

雨衣： 我們帶的是迪卡儂的小飛俠雨衣。在逛賣場時有看到二種雨衣型式。一種較貴的是雙手由雨衣伸出，且袖口有鬆緊帶束口，我覺得這種設計可能比較適合重裝備，或者需要爬陡峭的山。朝聖之路大都平坦，且走路容易流汗，所以我選了另一種簡易的雨衣。雨衣套上頭後，身體兩側是用鈕扣扣上，如果覺得熱不扣也沒關係。行走時拿登山杖和揹 40 升的健行背包都不成問題。

這樣看起來，有沒有比較年輕和叛逆？

最好前一天先查閱隔天早上當地的氣溫和目的地下午狀況

每天換一家，
處處當我家

　　和大部分的朝聖者，不一樣的是，我和 K 整個行程都是住旅館而非庇護所。因此沒有天未亮就出發，趕路去找庇護所的壓力。聽很多朝聖者說，每間庇護所的設備不同、價錢不同，口碑比較好的，真的需要用搶的，萬一太晚到達，可能就得一家一家敲門。

　　但住庇護所，整體費用負擔，真的很便宜，費用端視公立還是私立，大約落在一晚 5 ～ 15 歐元。

　　網路和相關書籍詳列了各個城鎮的庇護所（朝聖者辦公室也會給相關資料），可能是上下舖，或是大通舖；可能是雙人房或是 4 人、8 人房。庇護所有的是家庭式，每晚只收幾個朝聖者，男女主人烹煮一桌家庭晚餐，大家用餐、禱告，唱歌和分享各個國家的文化、故事。還有的會提供廚房，抵達的你可以先去超市買點食物，簡單料理自己想要吃的晚餐，或者也可以出去小餐館覓食。

揭開西班牙朝聖之路旅館的面紗

　　住旅館的我們，旅館房間的設備又是如何？

Astorga 入住的四星級飯店

　這輩子真的是我第一次，在短短的 38 天中，住了將近 30 間不同的旅館（因為有 3 個城市，我們多停留一天），就好像是個漂泊的遊子，每天流浪到一個新城鎮，就換一個房間睡覺，說不上究竟是新鮮感，還是陌生感。

　當然，這裡要先打破大家美好的想像，朝聖之路中，旅館並不像我們過往參加的旅行團，住的都是四、五星級的高級大飯店。別忘了，法國之路，基本上是在西班牙較為鄉下的地方，是過去很多基督徒一路辛苦朝聖，直到抵達聖地牙哥 Santiago。因此經過的城鎮，除了幾個稍微中型的城市外，很多都是幾百人住的小鎮，甚至還有不超過 100 人的村莊，因此「星級」旅館很少。而且「星級」的標示和我們認為的有餐廳、游泳池、健身房等配備齊全也不一樣，簡

單的說，就是房間乾淨且大部分有冷氣，還有一張很舒服的床。有些四星級的旅館，主要是因為地理環境的優勢，例如推開窗就可以看到名列聯合國文化遺產的古老教堂，或是周圍的環境天然優美，若要說服務人員，可能也只有 3、5 個。

加上疫情之故，西班牙 2020 年關閉 Camino，直到這 2 年才又重新解封，缺乏朝聖者的住宿，有一些旅館早已經營辛苦而退場。因此，能選擇的真的有限。

不過，我和 K 並沒有自己去訂旅館，因為對西班牙不熟，乾脆直接交給旅行社代辦。台灣的旅行社應該是和當地的旅行社合作，請他們協助預定，而西班牙的旅行社，因為辦理朝聖之路的經驗豐富，就依照往例，直接訂定合作的旅館。因此出發前，我們早就拿到每天下榻旅館的資訊，先在台灣用 Google Map 查詢，其他就讓每天住房成為另一種新奇的體驗。

愛的迫降西班牙版旅館，風景如畫

基本上，我把旅館分為幾種：

第一種是較大城市裡的星級旅館。在我們選擇多停留一天的潘普洛納 Pamplona、布哥斯 Burgos、萊昂 León，入住的都是四星級飯店。房間舒適乾淨，有餐廳、酒吧和櫃台的服務人員，是一般人熟悉的飯店。但是如果你在小城鎮裡，住到四星級飯店，這個四星

和城市的四星是有落差的。我記得住在星星鎮 Estella 的四星飯店時，櫃檯負責 Check in 的婦人和飯店餐廳的廚師是夫妻，入住時我看到的服務人員，除了他們就是客房打掃的服務生，沒見到其他工作人員，但因為旅館旁就是被列為聯合國文化遺產的教堂，所以是四星。

　　住過最特別的四星飯店是在 Las Herrerías de Valcarce，座落在小鎮最前方。飯店彷如韓劇「愛的迫降」結局時的瑞士美景，翠綠青山，綠木蔥蔥，原野上還有馬匹，詩情畫意，景色令人陶醉，我

旅館外的風景優美，彷如愛的迫降西班牙版

旅館的房間擺設，古意盎然　　　　　　　　　　　O Pino 的房間，裡面的格局線條簡約

笑稱這簡直是西班牙版的愛的迫降。

　　記得當我和 K 到達建築物前，正四處張望、狐疑著旅館的入口在哪裡？只見飯店經理 John 一派輕鬆地坐在下方的露天咖啡傘下與客人閒聊，和我們揮揮手，微笑地說：「沒錯，下來，就是這裡。」然後 Check in，看著磚瓦木樑，可以感受到這是棟有歷史的屋子，John 驕傲地介紹說：這棟他們家族所擁有的木造房子已經有 250 年的歷史，而他正是這棟房子傳承下來的擁有者。旅館房間不多，閣樓型的房間，連衣櫥都古色古香。

　　我們也住過庭園式的旅館，在歐皮諾 O Pino 時住的是屬於庭園式的房間，每個人一間，都在一樓，沒有搬運行李的煩惱，前方有桌椅，讓你可以悠閒坐在那裡聊天、曬太陽，門口的鐵片窗簾拉下時，就可以隔絕戶內和戶外。內部格局以白色為基底，造型頗有現代風。

薩里亞 Sarria 旅館房間　　　帕拉斯德雷 Palas de Rei 旅館房間

樓下用餐，樓上休息，吃飯睡覺兩相宜

　　第二種旅館擺設簡單俐落，一張乾淨的床、床頭櫃、電視和衣櫃。這種旅館和台灣的商務旅館很像，該有的都有，不需要的也沒有，住起來有種熟悉感，說不上豪華，但感覺也挺舒適的。

　　第三種是屬於複合型的旅館，有點像民宿。這裡很多旅館一樓是酒吧或餐館，房間在樓上，屬於同一個老闆經營，房間數量不多，甚至可能會住在小閣樓裡。所以電梯都是小小的，不然就根本沒有電梯。

　　記得在自由鎮所住的旅館，牆壁是磚頭堆砌而成，還嵌著錢幣銅板，很有特色。裡面的每一個擺飾，都有經營者的巧思，樓下是間曾經獲得米其林三星的餐廳，經理人 Dani，熱情幽默，晚餐為客人

倒紅酒時，動作熟練，由高而下，一條細細注入的紅線，逗得大家陣陣驚奇、笑聲連連。

　　薩阿貢 Sahagún 住的是餐館附加經營的民宿。樓下有個人來人往、熱鬧親民的 Bar，我們住在四樓，是頂樓的房間。因為沒電梯，行李只好自己搬，還好櫃檯的女服務人員相當熱情，表示自己很強壯，扛了我的那一箱，不然可就慘了。所以要提醒的是，即使你是行李託運，還是不要帶太多物品，否則需要把行李搬上樓時，也是一大工程。別忘了，每天搬行李上樓時，你可是已經走了 2、30 公里的疲累身軀！

格外溫馨的私人庇護所型住所

　　還有一種旅館，因為村莊太小，只能安排入住私人庇護所。私人庇護所的雙人房，設備簡單，浴室很小，有時我在想連我這種不到 160 公分的嬌小，洗起澡來都碰撞周圍的玻璃，那些身高馬大的老外怎麼洗？但至少不管是浴室或是房間，都是我們可以使用的獨立空間，放鬆自在。

　　有一回在聖胡安德奧爾特加 San Juan de Ortega，那是個很小很小的村，居民不到 100 人，只有一間由修道院部分改建成 50 個床位的庇護所，和一間房間寥寥可數的私人庇護戶所。Check in 時服務人員直接把鑰匙和隔天早餐餐盒給我們，並交代明天早上離開時，

自由鎮 Hostal la Puerta del Perdon 的房間佈置頗具巧思。有發現嗎？我們的行李從健行包變成 2 個皮箱，故事我會在後續的篇章中介紹。

Hostal Restaurante el Ruedo ll 的房間在頂樓，費了好大的力氣搬行李

把鑰匙留在門上即可。我們大部分退房時都是鑰匙掛在門上就離開，因為每個朝聖者出發時間不同，而旅館人手也不夠。

　　還有在一回在萊迪戈斯 Ledigos，也是因為村莊太小，居民有限，我們住在一個私人庇護所的雙人房，房間白白淨淨，小小的藍色檯燈，床頭的木板標示著 LOVE，讓人一踏入就滿心歡喜。

旅館、餐館和酒吧，都是家族的齊心之作

　　這裡的旅館，很多都是和餐廳或酒吧複合式經營，而且都是家族共同經營。可能先生是廚師，太太照看酒吧，女兒賣酒賣咖啡，兒

❶ San Juan de Ortega 的房間小巧可愛，十足溫馨 ❷ Ledigos 的房間精緻溫暖

子協助 Check in。行走時經過小鎮的 Bar 也是一樣，小小一間，夫妻或是手足胼手合作，賣著飲料和食物。

入住時，看到的是夫妻二人忙著賣酒、煮晚餐，隔天吃早餐時，看到的是兒子、媳婦做餐點、煮咖啡，二組人馬輪流當班，笑臉迎人，活力十足。而來消費的大都是在地居民和朝聖者，在中間駐足補給，雖是一批批的來來去去，但人數有限。

你會在想：為什麼他們可以活得如此單純簡樸、悠閒快樂？這些人每天能賺多少錢？為什麼不去城市工作賺錢？還有一杯咖啡不到 2 歐元，收入不多，你會納悶：明明在窮鄉僻壤，奇貨可居，為什麼不把價格抬高、賣貴一點？

Hotel Jacobeo 夫妻，爽朗熱情

　　鎮上旅館的人們都很熱情，爽朗的聲音，自在的閒話家常，聽到你用著不太標準的西班牙語，說著 vino tino 或是 café con leche，就會眨眨眼，給你一個鼓勵的笑容。

　　就像我們在貝洛拉多 Belorado 入住時，老闆有點年紀，留著斑白的落腮鬍，很有大叔味，他完全不管我們聽得懂或不懂，說著一拖拉庫的西班牙語，呼嚕呼嚕地指著他的愛狗，說牠因為受傷開刀、所以走起路來搖搖擺擺的。你可能會說：「不是聽不懂嗎？」當然是透過老闆生動的表情和比手畫腳的肢體語言了。

　　記得隔天一早，我們 Check out 要從旅館離開時，因為 7 點，天

還沒亮，老闆還特別站在旅館前張望著，用心確認我和 K 有走到正確的朝聖路線上，才放心揮揮手道別，要我們趕緊前進。看著他和藹慈祥的笑容，好像父親般倚著門口，要孩子帶著勇氣奔向自己的人生，不必回頭，無須牽絆。我的心突然有股莫名的感傷，知道這次相見，應該也是此生一見，此次相逢，難再相逢。

睡眠大小事，安穩排優先

想說的是，你想要整個行程都住庇護所，或是整個行程都住旅館，還是有時住庇護所，有時住旅館，都是可以有不同選擇的。

像我遇到來自台灣 60 歲的陳先生，他說剛開始幾天他是住庇護所，上下舖或是很多床位的通舖，雖然比較便宜，但因為人來人往、說話打呼聲音吵雜，干擾他的睡眠品質。他坦言身為熟齡者，一天睡不好，隔天的體力就受影響。後來他都調整為以庇護所的單人房做第一選擇，如果訂不到，就睡有雙人房的庇護所，至少同房的只有另一位朝聖者，影響有限。

我在最後五天遇到 2 位結伴同行的台灣女性，她們因為常到歐洲旅行，對整體環境和旅館系統熟悉，所以是先評估自己每天可以走的距離後，抓好落腳的城鎮，直接在台灣先用 Booking.com 將一路的旅館都訂好。所以每個人都可以依據自己的經濟狀況、體力精神、處理能力，來決定你這趟旅程打算如何居住。重點是要能好好

睡覺，因為隔天步行長距離的挑戰都得親自面對。對熟齡的我和 K 而言，「能確保自己睡得好」是我們最重視的事。

每天 Check in 之後，我們像是進行一場儀式般，脫鞋子、清理小砂石、洗澡、洗衣、晾衣服，吃晚餐；接著回旅館房間，看看白天拍的照片，回味一下；確認隔天的氣象和路況，準備適宜的穿著和水袋、食物，然後就寢。每天的順序都一樣，透過這些儀式，讓每一家旅館都擁有家的熟悉感。

朝聖之路上，溫柔的守護者

一家家的旅館，欣賞每家的格局和擺設，每個家族成員的合作模式，發現走 Camino，住宿也帶來很多有趣的體驗。

行走之初，我只是沉浸在換旅館的樂趣驚奇中。中段之後，我決定開始針對每個住過的房間拍照，留作紀念。看著照片，重溫在每一家旅館下榻、餐館用餐的片段後，突然有種不同的想法。

覺得這些西班牙小城鎮的人，經營這些旅館、酒吧應該不是真的想要賺錢吧！事實上我覺得他們根本賺不了什麼錢。與其說旅館、餐館或 Bar 是他們的家族事業，不如說是家族交代他們要好好為這些千年以來走朝聖之路的旅人，提供妥善的飲食和居住，照顧和守護朝聖者往前行走的力量。所以有的像是媽媽般的溫柔呵護，有的像爸爸或是大哥般的提醒叮嚀。這些旅途中的守護者，住在不同的

Meson Albergue Tio Pepe 旅館的老闆娘，像媽媽般的溫柔呵護

城鎮，彼此雖然不認識，但多年來在自己的店裡，有默契的相互接力、提供吃住，讓朝聖者順利完成旅程。

我想起年輕時，曾經看過一部由哈里遜福特主演的《魔宮傳奇》，電影描述主角印第安那瓊斯博士 Dr. Indiana Jones 尋找聖杯的故事。我覺得這些人就像電影中的聖杯騎士，聖杯騎士幾百年來竭盡心力地在聖殿裡守護著聖杯，而他們也代代相傳的以另一種模式守護著朝聖之路，守護著這些朝聖者。也許看到一個個來自不同國家的朝聖者，願意長途跋涉 779 公里，也是支撐他們繼續經營與熱情的力量吧。

我 的 最 佳 旅 伴
Mr. K's note

晾衣小秘訣

為了減少行李的重量，大部分的朝聖者都只帶基本衣物，因此每天都要洗衣服。庇護所因為多是教堂或修道院改建，大都有晾衣服的空地。如果是旅館，要大一點的才有提供送洗的服務或是投幣式洗烘衣機。

我們的住宿大部分是旅館，到小城鎮時，則住在雙人房的庇護所。因此全程都是自己洗衣服，但是房間內要晾衣服比較不方便。還好我在 SJPP 買了一個晾衣繩，加上兩個可折疊衣架。一路上安全過關。

以下是我的洗衣和晾衣心得，跟大家分享：

洗衣前可以先分類，厚一點的襪子或褲子不容易乾。先將擰乾的衣服放在擦完身體的大毛巾上，將毛巾捲起來當椅子坐壓一下，比較容易乾。

晾衣服時，厚的衣物儘量多曬太陽，吸濕透氣的衣物（例如 Odlo 的褲子在浴室先滴一下水，等水流到下方時，多擰乾幾次，很快就乾）。

綁晾衣繩的注意事項：

觀察房間有哪些固定點可以綁。絕對不能讓衣服靠近會燃燒的燈具，也須注意室內走動時被絆倒的危險（尤其是晚上如廁路線）。掛上衣服的重量會讓繩子下垂，所以要將衣物夾在雙繩之中，以免擠在一起。如果室內已經有固定的長桿，也可列入考慮。

綁繩子時，儘量讓衣服靠近有陽光的窗戶。室外也可列入考慮，不過西班牙的天氣隨時變化且不可控制喔。

繩子雖可調整長短，但要極大化繩子的長度。儘量拉開，讓衣物充分曬到陽光且流通空氣。

利用晾衣繩晾衣服

　　如果天氣晴朗或者晾衣的空間大，帽子、袖套可以同步清洗。反之，則清洗必要的就好。萬一隔天早上厚的衣物沒有乾（例如羊毛襪），有些朝聖者會直接綁在背包二旁邊走邊晾。如果不想，就用吸水毛巾包起來託運，到達目的地再拿出補晾。在台灣如果把沒乾的衣服包起來，通常會有「臭鋪（台語）」的味道。但是在西班牙並沒有遇到這樣的困擾。

　　總之，衣物儘量買快乾的材質。如果是棉質的，不僅不容易乾，也容易有臭味喔！

飲食男女，
食在好滋味

食衣住行，關於吃這件事，又要如何解決呢？

台灣的網路或書籍所提到的朝聖者大部分選擇住庇護所，常常在每天到達落腳處時，會先找小超市採購餅乾和食物，為隔天的糧食做準備，所以他們有可能在庇護所吃早餐，或是一大早 5、6 點天未亮，先塞點麵包就出發。大約 9 點、10 點，經過小鎮時，找個 Bar 再點個咖啡，吃麵包、香蕉補充體力，午餐也是。晚餐則是直接在

旅館的早餐，大多有柳橙汁和咖啡

庇護所吃朝聖者餐，或者是自
己採買食物到有廚房設備的庇
護所裡，自己動手做晚餐。當
然你也可以外出找餐館吃飯。

但我和 K 在一開始走朝聖
之路時，就決定把重心放在走
路這件事上。因此請旅行社安
排所有旅館時，晚餐也同步預
定，當時只是單純地想著，走
完 2、30 公里後，不想再費心

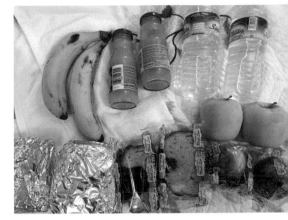

偏僻小鎮前一天打包好的早餐，一打開很澎湃

思、力氣去找用餐之處，乾脆安排哪裡就吃哪裡。等拿到行程表時，
38 天的晚餐，除了其中的 3 天，居住旅館沒有附屬餐館，得自行解
決之外，其他看來都是沒問題的。

因此，我每天都在旅館用完早餐才出發。西班牙旅館的早餐都很
類似，一杯現榨的柳橙汁，一杯熱咖啡（或茶），還有的就是麵包，
也許是可頌，也許是法國麵包。有時旅館還會提供香蕉，桃子或是
蘋果。通常是每人一份，只有幾次在四星級旅館是 Buffet。因為是
用完早餐才出發，每家旅館提供早餐的時間不一樣（不像庇護所是
專為朝聖者設計而會提早用餐時間），所以我們出發的時間都比大
部分的朝聖者晚。最早是 7:00 出發，最晚曾經 8:40 才出發。大部
分會落在 7:30 ～ 8:00 之間啟程。其中有一天，因為落腳的小鎮很

偏僻，吃晚餐時，服務人員同步將房間鑰匙及隔天的早餐打包交給我們，回房打開一看，還真是豐盛。

午餐呢？這裡的旅館因為住的一部分是朝聖者，很多朝聖者在離開時，可能會在吃早餐時，隨手拿個吐司、麵包，蘋果、香蕉，做為午餐，服務人員見怪不怪，也不會特別阻止。等我最後完成行程到馬德里，看到飯店的餐廳裡明白標示不得把餐廳食物打包帶走時，還突然有些不習慣呢！其實這才是一般餐廳的常態規定。

坦白說，午餐基本上是吃不太下的，想像你走了 10 來公里路，吃完還有 10 來公里要走，疲累的身軀是塞不了太多東西的，只是為了補充氣力而吃。所以我和 K 吃得很簡單，背包裡的水果、麵包，不然就是找個 Bar 還是吃水果、麵包，因為很多西班牙的 Bar 或是餐廳，中午廚房是不開火的，沒有現炒現做的熱食。

朝聖者三道式晚餐

因為這條路有很多朝聖者，所以餐館都會有一份專為朝聖者準備的菜單。我們幾乎都是在旅館樓下的餐廳或是合作的餐館用餐。朝聖者餐基本上是三道式餐點，前菜、主菜、甜點通常會有 3 ～ 4 個選擇，麵包免費，外加一杯飲料。舉例來說，前菜可能有綜合沙拉、義大利麵、西班牙蔬菜湯；主菜則大多是雞肉、牛肉、魚肉，有時候還有一些驚奇。甜點：西班牙布丁、起司蛋糕、冰淇淋或是水果。

前往 Triacastela 時，路邊的 Bar 點了一盤海鮮燉飯

如何點選就看你自己了。

飲料的部分，雖然有礦泉水、可樂，但絕大部分的人都會選 vino tinto，也就是紅酒。這裡因為是紅酒產地，葡萄酒比水還便宜，有的餐館很慷慨，直接給我們一瓶紅酒，所以一路走來，我們從一杯，喝到最後，都是二人直接一瓶喝光光，這應該是我這輩子喝過最多紅酒的時光。

會想念台灣的食物嗎，吃不習慣怎麼辦？我們在這 38 天裡，全部吃的都是西班牙食物，沒有任何一餐是吃亞洲或是台灣食物。鄉下地方，沒有什麼中式餐點，即便停留的 3 個較大城市，我們也不想去找亞洲餐點，寧可看看有沒有好吃的 Pizza 或是海鮮燉飯 Paella。既然來到西班牙，就是想嚐嚐當地食物。我們在大部分的

行程裡，都吃旅館安排的餐點，到了後來，我們也會抓緊自己的午餐時間，趁機品嚐一些不一樣的西班牙菜。

令人印象深刻的西班牙美食

Tortilla de patatas 又稱為西班牙馬鈴薯蛋餅，是一道以馬鈴薯、雞蛋和洋蔥製作而成的餐點。這個看起來不太起眼的料理，其實算是西班牙的國民美食，在西班牙很多 Bar 都會看到一盤圓圓黃黃的，像是蛋糕般。很多人喝飲料時，可能會順便點一份充飢，不少人都覺得好吃又有飽足感，但坦白說，我們兩個都吃不習慣。

我曾經在星星鎮 Estella 的旅館點過一份蘑菇義大利麵，看起來簡單、平凡無奇，上面也沒看到半個蘑菇，但我必須說：一匙入口，啊！那是我這輩子吃過最好吃的蘑菇義大利麵，沒看見蘑菇，但蘑菇醬炒拌均

Melide Pulpo a Feira 水煮章魚

勻入味，有種味覺在舌尖翻騰之感。我一度懷疑是否因太飢餓而產生錯覺。後來在好幾家餐館，只要前菜中有義大利麵，我必點無疑，想重溫那一盤好滋味。但遺憾的是，我吃了幾次，不是太鹹就是有點普通，我再也沒嚐過那個念念不忘的味道。

行程的最後 100 公里，很多人都會去梅利德 Melide 的 Pulperia A Garnacha 餐館，點一份 Pulpo a Feira 水煮章魚，這是要走到加利西亞省之後才開始出現的餐點，章魚腳用水煮川燙過後，灑上一些甜椒粉，滑嫩 Q 彈、嚼起來很有滋味。我們雖然在走到這裡之前，已經在前面的餐館先品嚐過 1、2 次，但來到梅利德 Melide，還是要對這家餐廳的水煮章魚朝聖一下，並且和門口的章魚哥拍照留念。

號稱是世界上最好吃的牛肉之一

在特里亞卡斯特拉 Triacastela 的旅館吃早餐時，我們遇到一對西班牙夫妻，閒聊之下，先生用著西班牙文向我們建議，如果喜歡吃肉，來到這裡一定要品嚐牛肉，不可錯過。他用手指在嘴巴前興奮地比劃著，口裡發出嘖嘖聲表示好吃的逗趣表情，讓我立刻上網查詢，一查不得了，原來這裡是西班牙加利西亞金毛牛（Rubia Gallega）的產地。

金毛牛的紅牛肉，和日本和牛號稱是世界上最頂級的二種牛肉，這種牛源自西班牙北部的加利西亞省，是在溫暖舒適的氣候下自

這樣 5 歐元，應該不算貴吧

然生長，全年放牧，因此肉帶有自然的草味，據說牛肉特別有嚼勁。怎能不嚐呢？想到行程只剩不到 5 天，我每天先上網查當天旅館附近的餐廳是否有這道菜，終於在一家餐館看到肋眼牛排 Chuletero，雖然不確定是否是紅毛牛肉，但不管了，反正目前就身在加利西亞省！此時不吃，後面就沒機會了。

必須說，當一大塊牛排放在鐵板端上來，油滋滋聲作響，香氣繚繞，大快朵頤下，顧不得好不容易在走路中所減掉的體重，今天這餐就讓我放肆一下。

說真的在走路的過程中，無論經過的 Bar 或是餐館，價錢都不會太高。像是咖啡，通常不會超過 1.5 歐元，朝聖者餐也都在 10 ～

這樣只要 3 歐元，完全不坑人

20 歐元不等。接近阿斯托爾加 Astorga 之後，有些 Bar，當你點一杯啤酒時，還會送一盤小點心，就是西班牙的 Tapas。有次我點了 2 杯啤酒，竟然還多送了 5 隻小雞翅，外加一份小薯塊，3 歐元，真的完全不坑人。

　　另外，好幾種當地生產的桃子，也很便宜。一顆黃澄澄粉嫩嫩的桃子，吃起來甜滋滋的，台幣不到 20 元。不過，城市的物價比鄉鎮的貴，還有越接近終點聖地牙哥 Santiago，因為觀光客較多，物價也變高。當然等我們結束行程坐車到馬德里時，物價就和台灣的城市一樣。甚至當我飛到荷蘭阿姆斯特丹，那裏的物價，一個可頌麵包變成台幣 100 元，令人咋舌。

各有特色的醃製橄欖和葡萄酒

　　其實有機會嘗試一下各國的食物，真的很不錯。像西班牙很多 Bar，點啤酒時，除了給你 Tapas 之外，有時也會給你一小盤醃漬的橄欖，或是小盤的洋芋片配酒，而且每家酒館醃製橄欖的方法各不相同。紅酒也是，各餐館提供的不同，不同省份的城鎮所採用的紅酒也不同。你可能會問：「水呢？」西班牙水龍頭流出來的冷水是可以直接生飲的，因此每天晚上我們都要估計明天的喝水量，還有補水的便利性，決定明天要揹多少份量的水袋。

　　走在朝聖之上，路邊有時可以看到一些水龍頭的水是可以喝的，有的則會有圖片標示，提醒你流出來的水不能生飲。我個人覺得最好還是每天要上網查詢明天的路況，並且揹上足夠的水，不然 10 幾公里沒有補水處，或者你眼花錯過，那可就叫天天不應，叫地地不靈，自求多福。

　　如果說「晚餐先訂好」有什麼不方便，我覺得就是用餐的時間太晚。剛開始走路時，我真的很不習慣。你可以想像，當走了一整天的路，回到旅館梳洗完畢後，肌腸轆轆的肚子最想要的就是吃飯，偏偏旅館會告訴你晚餐要等到 19:30，而且越大的城市、星級的飯店越晚，大多是 20:30 才能用餐。

　　在台灣怎麼可能 20:30 才吃晚餐，吃完都 22:00，這得多晚才睡覺？還有吃得飽飽的，怎麼睡？有次忍不住詢問 William：「你們

西班牙人真的都這麼晚才吃晚餐嗎？怎麼能撐到這麼晚才吃？」結果他說西班牙人基本上午餐簡單解決，下午 5、6 點喝個飲料、吃小點心，大多是 20:30 吃晚餐。週末假日朋友相約聚會，餐館可能是 21:30 才提供晚餐。我的天啊！後來走到曼西利亞德拉斯穆拉斯 Mansilla de las Mulas，因為 William 和太太 Idan 當天租了一個公寓房間，有廚房的，熱情的邀請我和 K 一起共度晚餐，但一看時間訂在 20:30，我們只能懷著感激的心說聲謝謝，然後婉拒。

若吃素，怎麼辦？

William 是個寫程式軟體的工程師，剛開始覺得他很嚴肅，後來發現其實不會，而且幾次相遇後，令人驚訝的是，他竟然是素食主義者，太太 Idan 雖然不是吃素的，但在晚餐會配合他吃素食。我們問他走朝聖之路，吃素方便嗎？他坦言很難找到素食餐廳或是專賣素食餐點。午餐可能就是吃沙拉或是麵包，晚餐好一點，可以在餐廳看菜單點蔬菜類的餐點。有次我們一起用餐，我發現因為他是西班牙人，所以看菜單、菜名完全沒問題，點的白蘆筍沙拉，還有一些我叫不出名字的蔬菜，也相當好吃。但我想如果我和 K 是素食者，可能每天就只能吃水果、麵包、Mixed salad（但西班牙的沙拉，常常會灑上碎碎的鮪魚片喔！）。如果是純素食者、又習慣吃熱食，建議先詢問庇護所是否有提供素食或者可以自己烹煮晚餐。

　　順帶一提，還有一次，我們吃飯時喝著紅酒，William 解釋著紅酒的差異，他說餐館為朝聖者餐供應的紅酒算是一般等級的，喝起來味道較重、較嗆烈，真正好的紅酒是入口滑順，飲後口中還會迴盪著淡淡香氣。Idan 很善解人意地，乾脆去吧台點了一杯較高級的紅酒，讓我們喝來比較，結果有點尷尬的是，我們根本喝不出其中的差異。

　　William 體貼的說，每個人喜歡的口味不同，像他父親就喜歡口味重的葡萄酒；還有喝不出來有個好處，「你就不需要花更多的錢才能讓自己快樂」，好像有點道理喔！

　　不知為何緣故，西班牙的食物真的很鹹，他們很喜歡加鹽，沙拉端上來時會附上橄欖油和鹽巴，蔬菜湯也是。披薩鹹，Paella 也鹹，牛排也會附上胡椒和鹽巴。就好像去台南吃東西，明明水果已經很甜了，上面卻還是灑上糖粉。我覺得他們基本上是屬於重口味的。奇怪，明明強調橄欖油吃了很健康，但吃那麼鹹不是很傷身嗎？還是二者相加，二方消抵？

食物也是一趟驚奇之旅

　　這趟旅程我們還吃了不少西班牙的在地食物，單是牛，就吃過燉牛舌、燉牛臉頰、燉牛膝、燉牛肉。當然還有赫赫有名的西班牙火腿，別忘了西班牙的伊比利亞豬肉聞名世界，所以很多餐館都會高

在西班牙品嚐各式牛的餐點

掛著好幾隻大大的醃製火腿，如果有人點就可以看到服務人員用刀一片一片細心的薄薄削下，早餐或是 tapas 也常會附上各式火腿，如果你在大城市逛一下，處處可見醃製火腿的專賣店 。我還曾經吃過他們當地特製的黑色糯米腸。無論是香腸還是糯米腸，嚐起來都和台灣吃的很不同。

　　還有甜點也值得一提，我們趁著吃朝聖者餐時，每回甜點都試著點沒嚐過的品項。餐館的甜點包括了慕斯、蛋糕、布丁、冰淇淋。有一道 Cheese cake 經常列在其中，但每家的 Cheese cake 長得都不一樣，口感也很特別。

後來在路邊拍下的 alcachofas 原來是長這個樣子

在 León 餐館品嚐精緻切割醃製的梅特拉舌頭

　　這裡我想介紹三道特別的菜。一是我們在洛格羅尼奧 Logroño 的四星級旅館吃晚餐時，熱情的服務生特別推薦我們在前菜選點 alcachofas，她說那是她的最愛，也是很健康營養的食物，而要能做這道蔬菜的廚師必須功夫了得，因為很難處理。菜的樣子很特別，炸得酥酥脆脆的，我們從來沒見過，送入口中吃起來卡滋卡滋的相當爽口，查了一下名稱，發現叫「朝鮮薊菜」。後在路途上，真的看見這種植物，趕緊拍下一張照片，想想要能把這植物料理成為我們口中的爽脆，廚藝必然一流。

　　在萊昂 León 路邊的家庭式餐廳，我點過一道醃製的梅特拉舌頭，服務生有點驚訝的看著我，那表情彷彿在問：「真的嗎？」，我們傻傻的，只覺得這道菜名很有趣，想知道究竟是什麼。結果端來的時候，嚇了一跳，盤子上，應該是有 30 幾片紅紅醃製的豬舌頭，我們真的像電影中的神祕怪獸，將之一片一片放入口中，看起來特別，吃起來味道也極其特別。還有一道是炸白蘆筍，白蘆筍用培根包覆著，外層裹上麵粉去炸，一口咬下，鮮嫩多汁，好吃！

　　每晚吃的雖然都是訂好的朝聖者餐，但每家的三道式各有特色，即便菜名相同，作法也不盡相同。每個晚上的餐點，都為我們帶來不同的驚奇。你可能會覺得我們真大膽，不敢吃或吃不慣怎麼辦？

　　要想想，一輩子有多少機會再來走 Camino？重溫這些食物呢？我們決定把握這次機會品嚐一番，能不錯過，決不錯過！

我 的 最 佳 旅 伴
Mr. K's note

嘟嘟車

有次我們走進一個小城鎮時，突然被後面車子的「叭～～叭～～」聲嚇一跳。因為當時我們靠著路邊行進，而且西班牙又不常聽到喇叭聲。回頭一看，一台廂型車由後面開過來，快接近我們時又「叭～～叭～～」。猜想這台車是來接人的，只是懶得下車，所以一直按喇叭。

沒想到，眼前的車突然在前方的小廣場停下，幾位老先生老太太們陸續的走到車旁，司機下車把後車廂打開。謎底揭曉，這是一台行動雜貨店，主要賣麵包、牛奶和一些必需品。我們之前就納悶著，鄉下地方人煙稀少，也沒看到什麼賣日用品的店家，為什麼小鎮居民和 Bar，還有長棍麵包？還有住民普遍年長，到底怎麼解決柴米油鹽醬醋茶的問題？現在終於找到解答。

接下來的日子，我們再聽到「叭～～叭～～」聲時，就知道是怎麼一回事了。除了定點的販售之外，似乎也可以預訂。有時看到司機停下來，拿牛奶和長棍麵包直接走向某間房子的門口。想想這種方式，對於行動較不方便的老人家，還真是便利！

難怪人煙稀少的鄉鎮，也能看到長棍麵包（有發現嗎？地上也有 Camino 的黃箭頭）

我 的 最 佳 旅 伴
Mr. K's note

聖地牙哥派

接近終點聖地牙哥，在餐廳用晚餐時，發現甜點中多了一個聖地牙哥派（或稱為「聖地牙哥蛋糕」）的選項。餐廳的侍者建議我們一定要品嚐看看。

咬下去的感覺很扎實，吃起來的口感綿密，味道也不錯。隔天遇到同行者提到此事時，他們也不知道這種派，跟我們即將要到的聖地牙哥到底有沒有關係。不過大家一致認為，就算沒關係，要去聖地牙哥就應該嚐嚐聖地牙哥派。

我後來查了一下資料，知道這是西班牙加利西亞地區有名的糕點，這個派的表層糖粉通常有十字圖案，至於到底跟聖地牙哥這個城市或是和朝聖是否有關，就有勞各位查到之後，再告訴我們囉！

❶聖地牙哥派 ❷ Cheese cake 和胡蘿蔔蛋糕

有緣同行，
風也過雨也走

　　狐狸和小王子在離別時，說：「我不吃麵包。所以麥子對我沒用，我也對麥田不感興趣，這真的讓人難過。可是你有著金色的頭髮，如果你馴養了我，這一切都將變得那麼美妙。同樣是金色的麥穗，卻能讓我想到你，而我也會愛上吹拂過麥田的風聲。」

　　我想，未來的日子裡，當我看到向日葵花海時，將會想起我的朋友 Leslie、Marcus、 Jose。

　　有人說來朝聖之旅可以交到很多朋友、認識很多來自不同國家的人，我覺得這要看你對「朋友」、「認識」的定義為何？

　　的確，每天可以和不同的人相遇，吃飯、洗衣和聊天。投緣的話，也許隔天可以結伴同行；如果說話不合拍，沒關係，那就獨自出發，尋找下一個有緣人。即使是一個人獨行，你也會不時的收到擦身而過的朝聖者送上一句：「Buen Camino」，這時回應一句「Hola」，再加句：「Where are you from?」一段對話可能就此開展，前面幾公里有人相伴。當然你們的腳力必須相當，還有你的英文也不能太差，如果話題無法來回，可能會在尷尬中微笑道別，各自前進！

　　這樣的友誼說淺不淺，說深也不深，談話和認識都是較為簡要的

來自奧地利退休國中老師 Navaja，走過 Camino 11 次

左一左二是推薦我們去 Samos 和吃金毛牛肉的西班牙夫妻

來自韓國的 Kim 先生，是個照相高手，幫我們夫妻拍了很多森林裡的合照

交流，但如果你喜歡和享受這種偶然相遇、相逢何必曾「深識」，不妨敞開心胸，在 Camino 你真的有機會和來自世界各國的人交談。就像我們在走路時，曾經與韓國的 Kim 先生、奧地利退休國中老師 Navaja，以及推薦我們去 Samos 修道院和吃加利西亞金毛牛肉的西班牙夫妻，短暫的相逢。

在這裡走的，除了西班牙人之外，緊靠西班牙的法國人不少。可能是義語和西文的相似度高，來走的義大利人也很多。再來美國、英國、加拿大人也不少，因為英語是母語，雖然小鄉鎮的 Bar 或餐館的服務人員不一定會說英語，但至少可以和大部分的朝聖者交流無礙。

「안뉴안녕！」，我們不是韓國人

　　東方面孔比較少，韓國人算是最多的。西班牙人會把東方面孔都直覺認為是韓國人，走在路上常常有西班牙人會對我們說「안뉴안녕！」。原來是因為韓國有個知名的綜藝節目叫《西班牙寄宿》，製作人和團隊曾經到聖雅各之路的比耶爾索自由鎮 Villafranca del Bierzo，承租冬季未營運的修道院，並改裝為接待朝聖者的庇護所，找來知名的韓星車勝元、柳海真，以及裴正南，化身民宿經營者。這個節目當時在韓國創下 11.6% 的驚人收視率，很多韓國人都慕名前來一探究竟。台灣人呢？來的很有限，這次我們在整個行程中遇到的台灣人只有 10 個左右。

　　有些人把走朝聖之路當成生活的斷點，從生活中抽出一段日子，展開一段獨白。跟原來的生活切割開，陌生的人、陌生的地方、可以擺脫別人的眼光，不必在乎他人的看法、放開束縛。但是，只要同一個地方待上 1 個月，陌生變成熟悉，自在就又成了不自在，重點還是在自己的心。不是嗎？

　　所以來到這裡，身邊的人來來去去，有多少友誼能延續到之後的生活？或者也不必太過在乎，就讓這些短暫對話的養分，滋潤生命，在之後的歲月裡，當陷入低潮，偶爾回想起這些時光，這些話語，就可以再度擁有奮鬥的力量。

70 幾歲的 Chloé（左一）是位優雅的法國女士

人生智慧，各有千秋

加拿大的 Joan，一個人來走，60 幾歲但個性率真，每天有自己想走的公里數，達成了就進 Bar 喝個小酒、吃洋芋片，叫計程車前往當天的目的地。我覺得她的個性好帥！

70 幾歲的 Chloé，是個法國優雅女士，每天進旅館梳洗完畢後會換上小洋裝吃晚餐，換裝像是一種心情轉換的儀式，自有一股不急不徐地迷人丰采。有 3 個孩子、4 個孫子的她，說自己的父母從年輕走路到年老，她也一樣會讓自己持續地走、持續運動。這次她自己來，從布哥斯 Burgos 出發，走到最後五天，先生再飛來和她會合，一起完成薩里亞 Sarria 到聖地牙哥 Santiago 的 100 公里。

　　Henry 和 Georgina 是澳洲人，Henry 應該有 70 歲了，白髮白色落腮鬍，即便有了年紀，還是個迷人瀟灑的大叔，年輕時，必定讓不少女孩為之傾心。Georgina 小他 10 歲，這是他的第二段婚姻。他說自己年少輕狂，做了不少蠢事，但心裡一直想來走 Camino，現在年歲漸大，髖骨膝蓋都不好，這個夢卻一直都在召喚他。Georgina 腳趾因為走路起水泡，貼著很多 OK 繃，問她如果 Henry 走不動，怎麼辦？她輕輕笑著，指著 Henry 說：「如果走不動，我就幫他膝蓋、髖骨上點潤滑油，不然就拿起槍，一槍把他斃了，自己走。」二人相視而笑。從他們的笑容裡，我看到的是妻子對先生夢想的理解與支持，想陪伴先生圓夢的體貼。

　　來自英國的 Jeff 和 Emma，他們退休後從英國移居到西班牙南部居住，Emma 看起來酷酷的、不太搭理人，我們在旅館酒吧遇過好幾次，點點頭或閒聊幾句，感覺有點冷漠。沒想到最後走到薩里亞 Sarria 時，在路上偶遇，Emma 竟熱情地抓著我的手，告訴我她不喜歡這段的 Camino，「好吵！Camino 是來追求平靜的，我不懂這些人究竟來做什麼？」，她提及自己曾經來過台灣的花蓮太魯閣健行喔！原來我們的關係，早就在不知不覺中慢慢靠近！

　　這些人都讓我發現，熟齡者其實有很多可能性，不一定退休後就要賦閒在家帶孫、種花種菜、怡情養老。即使 6、70 歲，如果想要，也能用適合的方式，走出去看世界，不必自我設限。我希望人生的後半段也可以和他們一樣，不論幾歲，都能健康地趴趴走。

英國的 Jeff 和 Emma，Emma 來過台灣的太魯閣健行喔！

向日葵花海的奇妙緣分

　　遇到 Leslie，則是個奇妙的安排。

　　記得行程第三天在蘇維里 Zubiri 的旅館享用早餐時，一旁有好幾個外國人對於第一天和第二天的經歷聊得起勁，辛苦的爬坡、山上的大霧，6、7 個人看起來都是自己來走的。雖然偶爾會有眼神交流，知道彼此都是朝聖者，卻心照不宣地保持無對話狀態。我們怕英文不好，加入後打壞閒聊的流暢節奏，他們不好意思主動邀請，怕我們不會說英文而陷入尷尬。然後在路上，有時擦身而過，微笑點頭，知道彼此一直在這條路上，有時遇見、有時不見，要說契機，一切都發生在前往布哥斯 Burgos 那天。

前往布哥斯 Burgos，最後 7 公里時，路分為二條，向左走聽說是會沿著河流進城，向右走則是機場的外環道路，途經倉儲貨櫃，風景單調，當時 K 想看飛機起降，所以選了後者。沒想到大部分的朝聖者似乎都選前者，難怪走在路上，鮮少看到其他朝聖者。因為查過 App，確定路是正確的，二人為伴，也不緊張。突然後面有個氣喘吁吁的聲音追上來，問：「Can I walk with you?」那是 Leslie，來自加拿大，笑聲爽朗，她說一路上都沒有看到其他人，擔心迷路，發現前方的我們是熟悉臉孔，終於放下心上大石，趕緊

我們和 Leslie 常在晚餐時光，天南地北的閒聊

追上來。

　　其實路途上，我們早就照面多次，這次相遇終於打破隔閡。她是一位室內設計師，在加拿大有自己的工作團隊，這次行程是認識的旅行社推薦的。所以她請其規劃，看起來我們的旅行社都和當地同一家旅行社合作，難怪前面有很多天，都住在同一家旅館。對照彼此的行程後，發現在布哥斯 Burgos 也住同一家飯店，更巧的是，她也在布哥斯 Burgos 多停留一天。後面 10 天的行程幾乎一樣，直到下一個大城市萊昂 León，我們因為會多留一天，她繼續前進，才分開。算一算，她會比我們提早 2 天到達終點聖地牙哥 Santiago。

　　Leslie 看起來大剌剌的，走一段路後，還很坦率地問：「我可以坐下來換個鞋嗎？」原來她的背包裡會多帶一雙涼鞋型的健行鞋，適時更換好讓自己走得輕鬆些，聽到我的腳不太舒服，更是強力推薦。Leslie 相當友善，年輕時曾經在日本工作過幾年，喜歡亞洲文化。我們表示之前就見過她和其他朋友，但擔心英文不好，不敢主動加入談話。她真誠的說我們的英文已經很棒了，要我們千萬不要這麼想，因為如果要她說中文，根本是不可能的。就這樣一路走到下榻飯店，她還邀我們加入 Camino 的群組，也和 K 加 WhatsApp（我因為英文不是很好，所以由 K 代表）。當天晚上她要和 Camino 的友人聚餐，詢問我們是否願意在那之前在樓下和她喝個飲料聊聊，也是那天，我們在喝飲料時，Dana 來找 Leslie 一同前往聚餐地點，並說自己正準備明天改騎自行車。

　　然後，從布哥斯 Burgos 出發後，我們在向日葵花海旁，遇到了結伴同行的 Leslie、Marcus、 Jose。Leslie 開心的描述我和 K 如何好心的讓她同行，我們 5 人還在向日葵花海前拍下開心合照，當時我們跟 Marcus、Jose 根本不認識（其實在 Zubiri 旅館用早餐時，Marcus、Jose 也在場，很奇妙吧！）

　　後來在夫羅米斯塔 Frómista、薩阿貢 Sahagún 這些城鎮，Leslie 剛好都和我們住在同一家旅館。共進晚餐時，發現我們的兒子、女兒竟然同年，每天晚上她都和女兒 Gracie 視訊，我們也曾在鏡頭中和 Gracie 打招呼；對於兒子 Quinn，唸完高中就跑去工作，她語氣中滿滿遺憾，我安慰她放寬心，也許在某個時刻 Quinn 又會想進修的，孩子自有他們的安排。隨著話語的分享，關係也越靠近。

花海中的我們，燦笑得像向日葵

超級合拍的酒吧雙人檔

Leslie 在朝聖途中和 Marcus、Jose 結為好友，常常結伴同行，雖是結伴，但走的速度不同，距離也會拉成前後，我們因為 Leslie 的關係，和 Marcus、Jose 幾次相遇後就慢慢熟悉起來。

Marcus 來自英國，在一家獵人頭公司工作，近期工作感到疲乏，留職停薪來走朝聖之路，他年約 54 歲，身材魁梧精壯，年輕時曾經是職業橄欖球員。Jose 來自波多黎各，目前在馬德里工作，他剛開始走時是住庇護所的，後來發現被吵得根本難以入眠，於是請 Marcus 拿出行程表，照著他的旅館先訂房，所以他們幾乎都住在同一家旅館。

Marcus 和 Jose 像是難兄難弟，感覺超級合拍，他們是無 Bar 不歡，無 Bar 不停，尤其 Marcus 很會和人喇，不論是 Bar、餐館、酒館或是教堂彌撒，他總能認識新朋友。

Marcus 和 Jose 有很多天的行程也和我們相似，但他們的腳程比我們快多了，我笑稱他們是兔子，我們是烏龜。常常兔子在 Bar 已經喝了 1 個小時的咖啡和啤酒，烏龜才姍姍來遲。

從他倆的眼中看我和 K 應該是很有趣的，二個東方人，看似瘦弱，走得慢慢的，但無論何時，總是拿著登山杖一步一步往前走，沒放棄過。因為是看著我們從第一天一路走來，心裡的肯定，拉近了我們之間的距離。到後來，我和 K 每天走在路上、經過 Bar 時，總是

有看到前方的 3 隻兔子？ Marcus（左一）、Jose、Leslie

不自覺得想要找那熟悉的身影，奇妙的是，每次都能找到，逐漸的
相見時的擁抱也越來越熱情！

隨著日子一天一天地過，接近 León，我們和 Leslie 越知道離別

的時刻即將來臨。在萊昂 León 的晚上，我們一起參加 Camino 夥伴的聚會，和 Leslie 回到旅館時，因為明天續留，她繼續出發，心中有很多不捨，Leslie 勉強笑著說：「我討厭離別的時刻，所以我們就這樣說晚安吧！」

但隔天一大早，Leslie 卻用 WhatsApp 捎來訊息：「你們還在餐廳吃早餐嗎，等我一下。」因為當天要走 30 幾公里，她得早早出發，卻還是忍不住想要到餐廳和我們道別。我們都熱淚盈眶，這段時間的相處讓我們有一種特別的情誼，知道今日一別，雖然可以用 WhatsApp 聯絡，但很難再見。彼此祝福，我也叮嚀希望她要讓自己快樂。

一生情，幾杯酒

和 Leslie 分開後，料想不到的是 Marcus 和 Jose 的行程反而和我們有了重疊，有時在路上，會聽到有人呼喊我們的名字，有時會在 Bar 看到他們的身影，就這樣一起喝小酒、用個餐，甚至從薩里亞 Sarria 的最後五天，我們還能心有戚戚的叨唸：這些後來的加入者，根本是來觀光的。Jose 說：「要如何分辨是從頭開始走的朝聖者呢？看鞋子就知道！」看他們一天可以去 2、3 家酒吧，可能以為他倆是放浪不羈的人，但事實上，他們卻又是每天到達目的地，休息梳洗完，會參加教堂舉辦的朝聖者彌撒，是虔誠的基督徒。

他們風趣搞笑，Marcus 有次參加教堂彌撒，神父要各個國家的朝聖者唱歌，韓國的朝聖者唱了國歌，但 Marcus 對神父說他以前可以唱「God Save the Queen」，但他現在真的沒辦法唱「God Save the King」所以最後唱了一首橄欖球隊的歌曲。

Jose 呢？根據 Marcus 的說法，Jose 那天見狀趕緊咳嗽，偽裝沙啞聲音表示感冒而逃過一唱。但後來幾天 Jose 真的得了重感冒，我們都大笑，誰叫他在教堂裡撒謊！

和 Josc 在馬德里皇宮前合影

我們和 Marcus、Jose 是在同一天到達聖地牙哥 Santiago 的。從群組中看到 Marcus 和 Jose 上午 11 點多拍下了大教堂前的照片，我們則是 13:30 到達的。但⋯⋯我們還是在路邊的 Bar 又相逢，當然旁邊又坐著不認識的新臉孔，應該稱他們是喇兄喇弟。彼此熱情擁抱，開心兔子和烏龜都完成目標，但隔天也是離別的時刻。

後來我們回程到馬德里時，已經先回到馬德里工作的 Jose，還特

別趕來相聚，請我和 K 喝杯啤酒。原來他是個會計師，帶著 20 幾個跨國的工作團隊，常常飛往美國、西班牙和歐洲等處理工作事物，有個想學中文的兒子，今年 13 歲。我們邀請他和兒子有朝一日前來台灣拜訪，而 Marcus 呢？也準備回到英國開始工作。

杯光酒影，路長情也長

我們和許多朝聖者相逢又分離，分離又相逢。像是 Joan、Chloé、Henry 和 Georgina, Jeff 和 Emma，還有前面提過的 William 和 Idan，但最多交集的當屬 Leslie、Marcus、 Jose。因為大部分是熟齡者，所以都選擇住旅館、吃餐館、行李託運，讓體力留有餘裕。加上路上多是小型城鎮，所以常常會在旅館或餐館裡不期而遇。年歲相近，孩子已長大成人、工作多年或已退休，對人生的閱歷和體悟也相似。因此每每聊天，會交流著自身的健康狀況和各自國家的醫療系統、納稅體制和社會福利、嘲諷著各國的政治矛盾，表述著對金錢、健康、生活的看法，時而嚴肅、時而玩笑，卻又各有自己人情世故的拿捏。

回到台灣，偶爾，WhatsApp 會跳出彼此的一小段訊息，但大家都回歸各自的生活軌道。從朝聖之路重返現實生活後，有時我會突如其來的想起 Bar 裡的一杯咖啡、一瓶啤酒。Camino 的情誼，永難忘懷！

我 的 最 佳 旅 伴
Mr. K's note

害怕講英文怎麼辦？

初見 Leslie 時，覺得她跟大部分的老美（後來才知道她是加拿大人）一樣，可以跟不同的人攀談，記住好多人的名字，喜歡聚會閒聊。當然，刻板的印象也跟著浮現，像是喜歡自我吹噓，誇大其辭，自我意識強，只在乎自己不重視家庭 / 小孩等等。所以雖然常碰面，但僅止於點個頭、打個招呼。

偶然的機會較為熟識後，我發現我完全錯了，其實她是個體貼又善良的人。雖然我和她英文可以溝通，但是隨著愈聊愈多，話題更深入時，就明顯的感受到自己英文能力的不足。Leslie 會在適當的時機，體貼的告訴我們可以用什麼字來表達想講的事，像是「pep in your step」、「crapshoot」。她也常常提到世界上許多國家的人民都需要努力學習英文，才能打開與世界溝通的管道。而

她何其有幸，母語就是英文。所以，她總是耐心聆聽，也不會因為你的英文不好而嫌棄。

在 Camino 友人聊天聚會中，Leslie 會適時的關照我們這些英文不是那麼流利的夥伴，免得我們被冷落或忽視。幾次偶遇，我們雖然天南地北的聊了好多事，但是，每天我也都知道，今天晚餐結束後，可能明天就不會再見。所以到後來乾脆把雙方的行程拿來比對，確定接下來有哪幾天會住同個旅館，哪天要分道揚鑣。記得離別那天，我們依依不捨的邀請她，一定要帶著家人來台灣找我們。說真的，這次走 Camino 能認識這麼多外國朋友，她真的是很重要的友誼橋樑。

英文不好，可不可以走 Camino，答案是「當然可以！」

不過，如果英文可以更好一點，不是更棒嗎？

我 的 旅 行 筆 記
Mrs. Tina's murmur

西班牙女孩—江雪

萊迪戈斯 Ledigos 是個很小的村莊，面積只有 28 平方公里，人口數大約是 100 人。可想而知，鎮上沒什麼住宿地點。當天我們被安排住在 Albergue la Morena 私人庇護所，前面是個酒吧和餐廳複合式經營，後面則是庇護所的住宿房間。

Check in 時，辦理的西班牙女孩突然用標準的中文說：「你們是台灣來的？」這可著實讓我和 K 嚇一大跳，在這窮鄉僻壤，怎麼會出現這麼標準的國語呢？原來女孩曾經住在深圳 6 年學中文，因為是十一月出生的，老師將她取名為「江雪」！

江雪熱情的招呼我們，問她圖章上的女士是她的奶奶嗎？她說不是，是庇護所老闆的祖母，老闆將旅館取其名紀念。因為可以用中文交談，所以晚餐時刻，還小聊一番，隔天離開時，原希望能和她道再見的，可惜早上沒見到她的身影，只能請老闆轉交一張卡片給她，離開繼續前往薩阿貢 Sahagún。

人的緣分很奇妙，在薩阿貢 Sahagún 入住 Hotel Restaurante el Ruedo II 時，我們和 Leslie 在樓下餐廳吃晚餐，卻見到一個熟悉身影走近打招呼，她竟然是江雪！原來當天是她休假日，和父母來這家餐廳用餐。薩阿貢 Sahagún 這個市鎮大約 124 平方公里，人口三千人，這麼多餐廳，熙熙攘攘的人群裡，我們竟然在晚餐時刻再度相遇。現在想想，當時與江雪再度碰面時，她應該還沒收到我和 K 一早寫給她的小卡，小卡留著我們的聯絡訊息，歡迎她有機會來台灣讓我們盡地主之誼呢！

前往薩阿貢途中，發現此一奇景。這是過去的酒窖，用來儲存食物和美酒的，一旁還特別標示著「這裡沒有住著哈比人！」

說得一口流利的中文，西班牙漂亮女孩江雪

天地悠悠，
心怦然而動

為什麼要來走朝聖之路？

　　行走路上碰到朝聖者時，往往彼此閒談幾句，就會被詢問：「你為什麼來走朝聖之路？宗教、追求平靜、為家人祈福、運動，還是其他？」

　　朝聖之路，又被稱為聖雅各之路或聖地牙哥朝聖之路，它指的是前往天主教聖地之一的西班牙聖地牙哥 - 德孔波斯特拉之路。聖雅各（Santiago el Mayor）是耶穌十二門徒之一，相傳因為聽到耶穌感召「得人如得魚」，於是拋棄漁夫身分，開始追隨耶穌傳教。

　　聖雅各曾至西班牙領土傳教，在西元 44 年回到耶路撒冷。當時許多人因為見證耶穌復活，歸信耶穌，卻也同時引發反對聲浪。聖雅各後來被當時猶太國王亞希律亞基帕王殺害，成為耶穌十二門徒中最早殉道的一位。因為國王禁止人民下葬其遺體，2 名門徒暗地將他的遺體運送至海邊，並用石船載走。這艘船抵達當時加利西亞（Galicia）王國首都 Iria Flavia。信徒們從這裡將他的遺體送到西班牙境內埋葬。

　　數百年過去後，世人早已遺忘聖雅各及墓地的存在。據說在西元813年有位隱士在暗黑天空中看到一顆明亮的星星，追隨後意外發現了墓地。這件事傳到當時的主教耳裡，調查後，從墓碑文字中得知此為聖雅各之墓。阿斯圖里亞斯國王阿豐索二世（AlfonsoII）得知此事後，步行前往瞻仰聖雅各之墓，並在墓地處建蓋聖地牙哥主教座堂Catedral de Santiago de Compostela。從西元9世紀開始，許多歐洲天主教徒們紛紛徒步至聖地牙哥主教座堂，造訪聖雅各之墓。對許多歐洲人來說，朝聖之路是洗滌心靈的信仰之旅，也是一段挑戰自我的壯遊。

　　但我既不是天主教徒，也不是基督教徒，並非因為宗教原因而來。雖然一路走來途經一百多個城鎮，每個村鎮不論大小，幾乎都有教堂。教堂牆壁斑駁、歷史悠久，很多甚至曾在戰爭中傾毀、重建，但古樸的磚磚瓦瓦間維繫著居民濃濃宗教信仰。

　　別看這些教堂外表殘垣破壁，但有的裡面是金碧輝煌，有的還供奉著特殊之物，像是聖杯、石棺，各有特色。只要時間允許，我和K都會入內感受莊嚴

San Juan de Ortega 教堂內有 San Juan 的石棺，祂是主掌生育的守護神

Iglesia del Crucifijo 聖殿騎士教堂

肅穆的氣息與神祇的祝福，順便蓋個朝聖之章。但若是疲累半死時，一步都不想多走，就只能黯然放棄。

所以，如果真的說我到底為何而走？我想還是想要挑戰自我的極限吧，想把自己擺在一個未知的境地，在很多的不確定性下，看看能不能完成 779 公里的徒步旅行。至於會發生或經歷什麼，一切就交給老天安排。

夫唱婦隨？還是婦唱夫隨？

有趣的是，遇到的朝聖者大部分都會看著我，然後跟 K 說：「你是如何說服她願意和你一起走的？」顯然大妻同行，似乎發起的都是先生一方。K 得解釋我是如何看了雜誌上的文章，突發奇想的過程。

「就這樣！」，「對，就這樣。」大家都不敢置信，但單純的發想背後，可是準備將近一年，還得真真切切的願意放下手邊的工作。若要問一年前的我們，應該也不敢置信此番真能成行。所以我也開始好奇其他人為何而走？

來自台灣的陳先生，在公司年資 35 年，今年 60 歲想退休，主管和同事們都挽留，並問他為何非退不可？他最後給了個原因是：「我要去走 Camino ！」。退休後，來 Camino 除了圓夢，也算是給眾人一個交代。他說羨慕 K 有我的陪伴，因為太太不想走這麼多路，所以他獨自前來；其實他搞錯了，他應該羨慕我才對，因為我有 K

的陪伴。會遇到陳先生是在走 O Cebreiro 時，那段 8 公里的山路，我們看到他和另外 3 個韓國女孩騎馬而行。原來他發現那段路可以騎馬，事先向馬主預訂馬匹。

　　因為一個人較為彈性，所以得知薩莫斯 Samos 有個歷史悠久的修道院，他還臨時決定繞道去薩莫斯 Samos 探訪，再走去薩里亞 Sarria。旅程結束回到台灣後，陳先生捎來訊息說順道去了趟葡萄牙，然後回西班牙馬德里，再到德國法蘭克福玩了幾天才回台灣，完全是不虛此行。看他 FB 拍的風景和文字間流露的愉悅，這個給自己的退休禮物，真是獨樹一幟。

遇見自由自在的年輕人

　　一路上會看到有些國家的年輕人，拿著自拍棒，一邊走路一邊分享著途中的景色和辛苦，應該是 YouTuber 吧，也許透過影片的分享，可以吸引更多的人來走 Camino。當然也有之所以來走的，是為了取得朝聖者證書，這也是為什麼從薩里亞 Sarria 會有這麼多人加入的原因，因為單走最後 100 公里，也可以拿到證書喔。

　　來自中國的年輕情侶凱和婷。凱帶頂小毛帽，婷則是用頭巾綁著頭髮。遇過幾次後，我發現有時他們一天會走 30 幾公里，有時又好像只走個位數距離。有一次，他們還住在露營區的帳篷，烤摘下來的果實和簡單的食物當晚餐。後來才知道，原來婷在慕尼黑唸書，

❶幸運的我們，夫婦相隨 ❷孤身前來 Camino 的朝聖者

凱目前在法國工作，二人從阿斯托爾加 Astorga 開始出發，凱除了走路，還有線上法語課，所以有時得就近找個安靜的 Bar 或庇護所上課學習，難怪他們每天走的距離長短不一。但這二個年輕人相當有彈性、適應力也好，自有自的走法。

還有一位玲，也是來自中國，目前在泰國從事人道救援的工作，和幾個美國女孩結伴同行，當我們和 Leslie 在 Hornillos del Camino 的酒吧，露天下悠閒地喝著啤酒，等著計程車接送去隔壁村莊住宿時，剛好看見她們喧鬧地經過，她們開心地告訴我們要到下一個村莊找庇護所落腳，更重要的是，因為今晚滿月，決定半夜 3 點出發，開始隔天的行程。天啊！她們當天的出發點和我們一樣，都是布哥斯 Burgos，已經走了 22 公里，興致還這麼好，體力也好棒棒！

前面提過台灣的 M 小姐、R 先生、H 小姐，也算是走得輕鬆瀟灑，

在露天酒吧悠閒喝啤酒

可惜的是，因為趕路，所以互動的時間有限，無法進一步多聊。他們很羨慕我和 K 可以慢慢走，經濟狀況能負擔旅館和住宿。其實，想說的是，我如果年輕 2、30 歲，也很想揹個健行包，住庇護所、趕趕路。

　　反正人生常常是有一好，沒兩好。但，年輕真好！

讓自己放一段長假，可不可以？

　　Jose，應該是個奇葩，公司沒有人知道他來走 Camino，因為總公司在美國，又是跨國團隊，本就有時差問題，加上他一路揹著筆電，早上出發，腳程很快的在中午到達，然後 Check in 進旅館工作，黃昏時再出來晃晃。為何而走？他說長年來忙於工作，旅飛各國，很想放鬆一下，給自己一段留白，加上目前定居西班牙，所以出發。走完 Camino 後，似乎讓他有些不同的體悟，他決定每年都要給自己一段抽離的假期，不再為工作犧牲所有生活。

　　Dana，就像我前面說的，今年 65 歲，放下在美國公司繁忙的事務，送自己 65 天的休假，做為 65 歲的生日禮物，超酷的！我在想也許我可以效法她，未來每一年都以年齡歲數做為每年渡假旅遊的天數。

　　Navaja 每年暑假都來走一段，讓平常教學忙碌的自己能卸下煩躁的塵埃。Willam 和 Idan 是使用公司每年給員工的特休，因為天數有限，所以分 3 年走 Camino，預計明年完成全段路程。70 幾歲的

森林中漫步，給自己一段長假

Charlie，喜歡走路和欣賞自然風景，是分 2 年走完。

還有來自台灣的 Jerry，我們是在倒數第二天相逢的。他剛在慕尼黑完成碩士口試，也在台灣找到工作，趁著回台就職前，送自己一個畢業禮物，Camino 算是在歐洲唸書 3 年的一個小句點。Jerry 是個蠻有想法和深度的年輕人，會德文和法文，英文也很流利。我們同行一個上午才分開，他比我的兒子年長 2 歲，雖然相伴而行僅有 4 小時，但分享很多他在德國和歐洲國家生活、旅行的所見所聞。談到後來，他也忍不住向我透露，走 Camino 是想學會「放下」，因為一直割捨不下前面那段感情，這次回台灣工作，也是想看看分手的前任過得好不好？能否再續前緣？如果真的不行，就會回歐洲找工作。

年輕時，很喜歡木村拓哉和山口智子演的經典日劇《長假》。長假，指的是人們總有不順利或逆境的時候，這時就把這段日子當成是上天給你放一次很長的假期，不必勉強衝刺，不必努力加油，就順其自然，也許假期過後，事情就會有所轉機。腦裡響起 LA.LA. LA LOVE SONG 的音樂，想到這些朝聖者，真的，給自己放個長假吧！放慢腳步，不要太執著。

用長路漫漫來療癒悲傷

有句讓人印象深刻的話：「為什麼全世界傷心的人，都去走朝聖

漫漫長路是條自我療癒的路

之路？」

　　朝聖之路，如何為人帶來療癒？

　　和 Leslie 熟悉之後，才知道她這次來，心裡已經掙扎 2 年。2 年前她的先生 David 因為疾病，一連動了 5 次大手術，卻仍難逃死亡的枷鎖。這 2 年，她沉浸在 David 過世的悲痛中，用龐大工作量自我麻木，填補對 David 的思念，但臉上仍藏不住苦澀。家人都希望她能恢復往日的開朗活力，幾經波折，Leslie 發現還是得面對這個失落的難題，所以選擇來走 Camino。當她跟身邊的人提出這個想法時，朋友家人都非常支持，連她就讀研究所的女兒也舉雙手贊成。

　　有一次 Leslie 突然問我對「死亡」的看法，她不懂老天為何如此殘忍，讓相愛的人，經歷生離死別？其實我也不知道，只不過很想告訴她，自己曾經讀過的一段話：「生命像是一段長長的路程，有很多人結伴同行的往前走著，但有些人可能會因為疾病、意外或是某些

每張背影，都是 Camino 的回憶

原因提早離開，只剩自己繼續獨自前進。然後經歷求學、工作、結婚生子、養兒育女，有一天當我們累了，也會停下腳步想全然地休息、不再邁步前行。這時也許一轉身，有人拍了你的肩膀，說了句『好久不見』，你會發現看似自己往前走了很長的歲月，其實在生命的長廊裡，只是一小段。相愛的人總是會相見的，在某時某刻！」遺憾的是，我的英文不夠好，無法完全表達，只能化做一個溫柔的擁抱。這也是為什麼在萊昂 León 離別時，我告訴她要好好生活，相信 David 也希望她能快樂。

　　Marcus 是比較讓我們驚訝的，在他說說笑笑的過程，會分享 Camino 讓他遇到好多人、有很多不同的體悟。然後有一天，突然聽到他話語中提及：等走到聖地牙哥 Santiago 時，他要在證書寫下他母親的名字。聽了幾次，滿心狐疑，為什麼證書寫的不是自己的名字，而是母親的？想想應該是我們英文不好，所以混淆？

　　後來偶然間得知，原來 Marcus 的母親在前幾年罹患肺癌，雖然經過醫療團隊細心診治，今年三月依然不幸過世，走 Camino 一直是母親的心願。所以 Marcus 在她過世後，決定代替母親圓夢，來走 Camino，並打算將這段經歷放上網路，募款一萬英鎊，捐給當初診療的醫院。那天到達聖地牙哥 Santiago，證書除了印上 Marcus 的名字外，服務人員特別貼心地加上註記「為紀念母親而走」。相信他的母親在天上看到自己的名字也在證書上時，定然綻放欣慰的微笑，並以 Marcus 為榮。

背影中的意義，「過！」

　　行程倒數第五天，在波爾托馬林 Portomarin 的旅館，看著手機中 K 為我拍下的照片，高山、田野、森林、雨中、清晨，往前行進的背影，我突然哭了起來，覺得自己怎麼能夠這樣一路走來，走了這麼多天、這麼長的距離，那種辛苦、那種感動，還有感傷。

　　K 問我面對即將結束的朝聖之路是否會覺得捨不得，有什麼想法？我說內心雖然很喜歡這種單純的日子，也有很多的捨不得，但我最想的是：「好希望明天可以不用再走路，好希望可以結束每天 2、30 公里的步行，我真的覺得夠了。」這句話讓 K 頗為驚訝。

　　《阿甘正傳》電影中，面對長跑的阿甘，追逐的記者問：「先生，你為什麼要跑？你是為了世界和平？還是為無家可歸的人？還是為了女權？還是因為環境？因為動物？」

　　阿甘回答：「我就只是想跑啊！」

　　阿甘認為有很多人就是不相信有些人會毫無理由的不斷跑下去。阿甘的跑步沒有理由，只是想跑、就是要跑。阿甘說：「現在不知為何，我所做的事情好像對某些人開啟了意義。」

　　然後有一天，他跑著跑著，突然覺得累了，就不跑了。那種感覺很奇妙，想跑就跑，不跑就不跑，自己的人生，自己掌握，所謂的意義，自己定義。

　　我想，走了 30 幾天，自己也真的是覺得：「累了，夠了！我現在

生活和 Camino，都要一個一個「過！」

想回家了！」

　　有一回，Leslie 在 Bar 關心地詢問一位 60 幾歲的朝聖者：「走得還 OK 嗎？腿有問題嗎？」她的回答令人玩味。她說：「誰會沒問題呢？也許長水泡、也許膝蓋痛、小腿扭傷，就像人生一樣，總

是有大大小小的問題需要解決。但仍然還是要前進的，這不也是我們來 Camino 想要學習和體驗的嗎？」

　　每個人的生活都有大大小小的坎，有的已經過了，有的正在經歷，有的還沒發生。

　　Camino 讓一個人在走路時，可以好好與自己對話，像剝洋蔥般，面對自己內心深處的傷悲或牽絆，消化自己的坎。在台灣坐計程車時，司機常會裝一台提醒前方有測速照相的機器，聲音提示著：「前方有測速照相，500 公尺……300 公尺……100 公尺……過！」現在想想，那句「過！」是多有意思的話。就像我和 K 走了 779 公里，大大小小的城鎮，都要一個一個「過！」。而人生的悲歡離合、逆境順境，也需要一個「過」字。原來，我們在 Camino、在生活，都在學習如何讓自己「過」，持續往前邁進！

向前行，在前進中累積力量

　　一張張背影的照片，一段段上下坡、豔陽風雨、城市原野、晨曦未露、暗黑森林的行進，不論神采奕奕、疲累不堪、面容愁苦還是眉開眼笑，我喜歡一直往前行進的我，沒有怯步！

　　所以為何而走？為信仰？為紀念？為祈福？為證書？為了跨過某個心裡的坎？你可以有自己的理由，或者也可以沒有任何的理由。我想無論你是為了什麼原因來的，都好，只要你願意踏上

即使前路茫茫，每個人都努力的前進

Camino，Camino 就會給你不同的生命禮物。就像我和 K，原本
只是單純的想來走走路，沒想到經歷了各式各樣的天氣、吃了各式
口味的食物，住了不同風格的西班牙旅館，與那麼多來自不同國家
的人相遇、互動。

　與其說我是來走 Camino 的，不如說是：感謝 Camino 讓我能踏
上它的路途。這一路因為有這麼多人的相逢和照顧，才能交織出與
過往旅行迥然而異的體悟！

我 的 最 佳 旅 伴
Mr. K's note

我的朋友 Marcus

初次見到 Marcus 是在第一天跨越庇里牛斯山時，當時看見一位精壯的中年男士由身旁走過。他和另一位中年男士邊走邊聊，兩人行走速度頗快，臉不紅、氣不喘。

第二次見到 Marcus 是在蘇維里 Zubiri 旅館吃早餐時，他和其他幾位歐美人士侃侃而談，感覺十分風趣與幽默。

然後因為 Leslie 的緣故，有了真正的互動，有時還會一同吃飯、喝啤酒。記得有一次聊到走 Camino 的起心動念時，由於他是留職停薪來走的，所以我隨口問一句：「你在乎的應該是過程，而不是證書吧？」。沒想到，他說他在意的是「證書」，因為證書上要寫他媽媽的名字。我其實聽得一頭霧水，但也不好意思細問。

Marcus 創了一個 Wechat 群組「Camino Pilgrims 2023」，隨著走的路程，群組中夥伴人數持續增加。在接近聖地牙哥的某一天，有人在群組貼出一個英國的網站新聞，上面提到 Marcus 的母親，因為癌症過世，他這次前來，除了想替母親完成生前的願望外，也同時發起募款，做為醫治他母親醫院中的兒童專用基金（請參閱以下連結；若時間太久，該網站可能會被關閉）。這時我才恍然大悟。難怪他身上穿的 T-shirt 是一位女士的圖像，也為何他如此在意要拿到證書了。

回到台灣後，偶爾還是會在「Camino Pilgrims 2023」群組中收到訊息。有陸續抵達聖地牙哥的照片，還有 2023 年第一場初雪的照片。耶誕節和跨年，都有許多人獻上祝福，並提到非常懷念走路的那段時間，也覺得這段路程對他們人生的影響，難以忘懷。

在 Bar 裡與 Marcus（右）和 Jose（左）多次相逢

Marcus 相關故事簡介與捐款網站
justgiving.com/fundraising/walkingforros

一期一會，
漫遊好時光

　　年輕時，出國大多參加旅行團。那時重心放在收集國家數；想去世界聞名的地標拍照，到此一遊。因為存款有限，吃喝玩樂得精打細算，有時導遊帶到某個景點，拍完照，會有自由時間到處逛逛。巴黎紅磨坊、奧地利維也納樂團演奏、捷克鐘樓、英國倫敦眼等自費行程，細細思量花費，想的是：「算了吧！現在沒太多預算，以後有來再說。」事實上，天下何其大，國家何其多，要重複去的機會其實很渺茫，真的去了也是很久很久之後。

　　記得有一回，去巴黎觀光時，旅行社安排一天的自由行程，我和 K 站在某個建築前，正在猶豫著是否付費登上高樓俯瞰全市風景，巧遇同團的團員，他看著掙扎的我們說：「下次再來不知何年何月，當然要上去了。」說完就去買票。我們心頭一驚，當頭棒喝。好不容易來了，卻因為自費，扼殺心中想去的慾望，煞是可惜！至此，我決定以後只問想不想去，不再去想票價多少（當然不能是巨額！），我還在工作，錢再賺就有，這次如果真的想去而不去，可能真的一輩子就錯過了。

　　Camino 也是，如果覺得不想行程太趕，如果想讓在朝聖之路上

潘普洛納的市政廳

有點小喘息，當做每天 20 ～ 30 公里中間的自我激勵，我建議可以在幾個城市多停留一天，在地觀光，畢竟難得出來一趟。這次我們就選擇在潘普洛納 Pamplona、布哥斯 Burgos、萊昂 León 3 個城市各多停留一天。

海明威筆下加持的鬥牛城─潘普洛納 Pamplona

潘普洛納 Pamplona 是西班牙北部納瓦拉自治區的首府，距

離馬德里大約 407 公里。每年 7 月 7 日開始的聖費爾明節（San Fermín）吸引全球無數的旅客前往，為的就是想要穿著白衣服、紅領巾在巷子內追牛、趕牛。其實，聖費爾明節原本只是一個宗教節日，鬥牛、追牛是節慶中一部分。之所以在全球聲名大噪，是海明威在 1926 年發表的《太陽照常升起》（The Sun Also Rises）一書中，生動的描寫這個傳統活動，結果讓遊客趨之若鶩。海明威的確是潘普洛納 Pamplona 這個城市的最佳行銷者，到處都可以看到他和奔牛節相關景點或是彩繪。

　　我們先去老城區的市政廳，欣賞美麗古典的建築，一旁有清潔人員用水噴洗石頭路，原來街道的乾淨是這樣維護的。不一會兒又看到環保車開來做資源回收，開到地下由回收桶底部做回收，令人詫異。接著參觀主教座堂，沒想到正沉浸在欣賞拱門和雕像時，突然燈光一暗，教堂要關閉，今天不對外開放，只能黯然離開。走出鐵門時發現旁邊立著標示，上面寫著朝聖之路還有 669 公

建於 15 世紀的潘普洛納主教座堂，外觀是哥德式風格，教堂內也很壯觀

百年咖啡館 Café Iruña「伊魯納咖啡」，一杯咖啡 1.4 歐元

里待完成。

城堡廣場 Plaza del Castillo 旁的百年咖啡館 Café Iruña「伊魯納咖啡」，當然不容錯過。Café Iruña 裝潢懷舊典雅，網站資料顯示裡頭藏著一個小咖啡館，館中館有海明威的雕像。我們進去點了 2 杯咖啡，一邊四處環望，怎麼也看不到傳說中的館中館。也許是 K 到處張望的行為表達出困惑，一對老夫妻突然走近招呼我們跟著他走，還揮手叫我們咖啡等一下再喝。推開旁邊一個小房間的門，啊！海明威的雕像和許多照片，這就是傳說中海明威流連的咖啡館。

老夫妻來自阿根廷，是海明威的鐵粉，他的曾祖父是潘普洛納人，

這對來自阿根廷的老夫妻，可是
海明威的鐵粉呢！

因為很喜歡海明威，所以夫妻倆每隔幾年都會重新回到這個城市走一走。這次前來他發現小房間的門被鎖住，特別請服務生協助打開。他用西班牙語（阿根廷講西班牙語）仔仔細細的解釋海明威《太陽照樣升起》的故事，還展示他 2016 年到海明威當時下榻飯店拍的照片。不得不說 Google 翻譯幫了我們許多忙，讓語言不通的我們得以交談，老先生說得起勁，我們也聽得津津有味。最後，還一起拍了張合照，握手、親吻、道別，離開時用 Google 翻譯打上一句：「您真的很厲害，對海明威這麼了解，我們真幸運能遇見您！」逗得他樂不可支！

在潘普洛納 Pamplona，海明威無所不在，鬥牛場 Plaza de toros 外，也有他的雕像。鬥牛場是個值得入內參觀的地方，詳細解釋奔牛節時，如何將公牛從牛棚放出，順著柵欄的小路直奔終點鬥牛場。鬥牛士考究的衣著、鬥牛前小教堂的靜心禱告，出場後觀望台上的人聲沸騰……我不禁想像著鬥牛士在場上瀟灑揮舞紅布、有節奏的舞劍，隻身與兇惡的公牛生死拼鬥，一劍一劍刺入牠的身軀，場邊的人們看得如痴如醉，應聲喝采，但可別被掌聲分了心，因為

鬥牛場的觀景台，想像鬥牛時高朋滿座、人聲沸騰

稍一閃神就會喪命。此刻，我們輕輕鬆鬆地循著介紹路線，身為觀光客，沒有驚心動魄的生死之戰，多了打鬧嬉戲的輕鬆。

潘普洛納 Pamplona 除了教堂、鬥牛奔牛外，還有什麼呢？如果逛完還有餘力，不妨到街上 window shopping，除了美麗的街景，也看看鬥牛紀念碑，如果你喜歡綠地，就到堡壘公園 La Ciudadela。公園裡座落著一棟棟小小建築，每一棟都是一個展場，外圍設計成星星形狀，很多西班牙人帶著毛小孩出來放風，或是坐在草地上野餐，好不愜意。

擁有美麗教堂的城市—布哥斯 Burgos

布哥斯 Burgos，一進城，立刻被大樓牆面大大黃色扇貝標誌所吸引，似乎在歡迎每一位朝聖者的到來。

來布哥斯 Burgos 當然絕對不能錯過布哥斯主教座堂 Cathedral Burgos。這個教堂名列西班牙最美教堂的前三名。並在 1984 年被聯合國教科文組織列為世界文化遺產。教堂最特別的地方在於最初是建於 11 世紀，到了 12 世紀，因為當時流行哥德式風格，因此請來法國設計師操刀，並以巴黎聖母院為藍圖進行改建，結果直到 1567 年才完工。蓋的時間歷經幾百年，建築風潮也不斷更迭，所以一邊蓋，一邊添加各個時代的建築元素，成了一座融合哥德式、文藝復興、巴洛克及洛可可風的教堂。

蓋了 400 多年的布哥斯主教座堂，朝聖者雕塑的膝蓋，被旅客摸得亮晶晶的

　　宏偉壯觀的教堂裡，共有 19 個小禮拜堂，各個精彩絕倫，爭奇鬥艷，除了典雅華美的中央穹頂外，每一個禮拜堂也各有特色，讓每每踏入為之驚艷。難怪 Leslie 說布哥斯主教座堂，對她而言，不是教堂，而是個琳瑯滿目的博物館，讓人目不暇給。她心目中的教堂，比較像是在朝聖之路看到的古老中世紀教堂，外牆斑駁、建築簡簡單單，進入之後，幾排木椅，前方十字架上的耶穌或是聖母雕像，空靈肅穆，反而讓她不由自主地跪膝禱告，空氣裡滿是神的恩典。

　　我也同意 Leslie 的說法，布哥斯主教座堂美雖美，但參觀到最後

❶聖瑪麗亞拱門 Arco de SantaMaría ❷在 Burgos 進行了 Retail therapy 後，決定買個皮箱裝戰利品

我腦子都在想：「真神奇，這個複雜的建築物到底是怎麼蓋出來的？」整個人已經分不清楚身在何處，頭也昏，眼也花，還肚子餓，只好趕緊出來，在廣場上喝咖啡和吃 tapas，順便和教堂前的朝聖者雕塑拍拍照。然後再繞去附近的天主教教堂、聖瑪麗亞拱門 Arco de Santa María 拍個打卡照，我這俗人就決定去進行 Retail therapy。

現學現賣，展開 Retail therapy

前面提過我和 K 在前往 Burgos 路上，開始與 Leslie 有較深的認識。因為住同一家飯店，所以也在當天吧檯小酌時認識 Dana。Dana 因為覺得走得疲累，準備從 Burgos 之後改騎單車前往萊昂 León。Leslie 問她騎車的相關配備呢？她帥氣十足的回答：「能租就租，不然就給自己一場 Retail therapy。」然後哈哈大笑。

什麼是 Retail therapy 呢？Leslie 解釋它是血拼解憂法。當你覺得壓力大、心情低落，就可以來場 Retail therapy，血拼一下！所以隔天當我和 K 結束教堂之旅後，決定也來個 Retail therapy，犒賞自己這 10 幾天的辛苦。我們買了前一天 Leslie 推薦的涼鞋型健行鞋，好讓之後走路時替換著穿，另外還看到一條設計饒富趣味的領巾，上面有整個法國之路的景點和特色，看著路線上我們已經走過的城鎮，滿是回憶；再往前看，還有好一段尚待完成。

結果買著買著，最後決定乾脆買個中型皮箱，這樣既可以把大手

提包塞入，還有空間可以裝今天買的東西，也不用每天煩惱著到底要如何裝入所有家當，反正行李託運，只要控制在 2 件，絕對沒問題。於是，從布哥斯 Burgos 開始，行李就變成大健行背包，加一個皮箱。至於另一個皮箱何時出現呢？就容許我先賣個關子。

洋溢建築藝術氣息的城市—萊昂 León

「León」這個字看似「Lion」，沒錯，在西班牙語中「León」除了是萊昂這座城市的名字之外，還有一個意思—獅子。雖然萊昂這名字和獅子並沒有什麼關係，但城市中到處可以見到獅子的雕像。

我們第一天在中午左右就到達萊昂，因此相當輕鬆的梳洗和用完午餐後就出去閒逛。

　　午後，先去波堤內之家 Casa Botines，它是由高第所設計的。據說高第 Antoni Gaudí 為了向距離不遠的萊昂主教座堂 Cathedral of León 致敬，因此設計也偏向宗教風格，同樣採用哥德式建築，屋角有尖塔設計，目前一樓是博物館，陳設萊昂 León 過去生活樣貌與藝術品。我們在前方和長椅上的高第雕像合照，看，高第手上還拿著建築設計圖，專注沉思呢！

　　這附近有許多紀念品店和商家，賣著各式各樣的東西，街道二旁 Bar 和 Café 林立，人潮洶湧，高朋滿座。我和 K 悠閒逛著，因為 Marcus 和 Jose 今天也在萊昂 León，晚上約了 WhatsApp 群組中在萊昂 León 的朝聖者一起聚餐。

　　20:00 我們走進約定的餐館 Ezequiel calle Ancha，一眼就看到 Marcus 和 Jose，噓寒問暖並相互擁抱後，先喝杯紅酒，等待其他朝聖者前來。

　　然後大家陸陸續續到達，有

長椅上的高第，依然專注沉思看著手上的建築圖稿

Leslie 和 Dana，初次見面的 Kevin（來自美國佛羅里達、住在船上，看起來文質彬彬卻很會搞笑），還有 Marcus 下午剛認識的綁著漂亮長髮辮子頭的西班牙女生。彼此相互介紹，聊著這一路走來的經歷。Jose 因為熟悉西班牙，點了一桌超級澎湃又很在地的西班牙美食，水煮章魚、肋眼牛排（後來我才想到，這一天 Jose 有點這道菜）、叫不出菜名的鮮魚和薯條沙拉。

　　其實他們聊的內容，我聽得懵懵懂懂，但是整個晚上氣氛歡樂，杯酒交錯，笑聲不斷。等到 22:00 多，我們從地下室的餐廳上樓離開時，才發現整個餐廳滿滿的人，原來這是一家當地饒負盛名的餐廳，還有西班牙的夜晚，果然是越夜越熱鬧。明天，大家又開始各自的行程和速度，誰也不知道會不會再相遇共聚，反正把握每一個此時此刻就對了。

　　隔天一早因為續留在萊昂 León，我們先前往古羅馬城牆。這處遺址可以追溯到西元 1 世紀末，由古羅馬帝國的第七軍團所修建，但目前僅保留一小段。早上人不多，幽靜之中好像穿越了時光隧道，回到中世紀。

　　萊昂主教座堂，被稱為「光明之屋」或「美麗的獅子」。這座教堂除了外觀建築，內部鑲嵌的彩繪玻璃也很特別。教堂內，每天的曙光一定是先照亮東面有著基督人像的彩繪玻璃，再順時針依序照亮其他的彩繪扇窗，最後停於大門的「最後審判」。中古世紀的建築技術，能對光線移動計算得如此精準，令人覺得不可思議。

萊昂主教座堂，內部的彩繪玻璃不容錯過

聖馬科斯教堂，裡面有部分已經改建為五星級的飯店

好想聽到一句「My treat.」

　　聖馬科斯教堂原本是座修道院，如今是一家正在運營的豪華五星級酒店，裡面還有座教堂及博物館。我記得《The Way 聖雅各之路》電影中，有一幕主角 Tom 和另外 3 個同行的朝聖者，抵達萊昂 León 後，一起仰望著這家飯店，「沒有自尊心的朝聖者，才會住這種高級大飯店，這簡直就是墮落。」有人說道。

　　然後 Tom 酷酷的說了句：「My treat.」

　　「Really？」下一幕這4位朝聖，當晚各自各取所需，美食、泡澡、按摩……

　　我看看身旁的 K 先生，可惜的是沒聽到那一句：「My treat.」，只好拍個照就默默離開。

　　我們還繞去聖伊西多羅教堂。順帶一提，萊昂 León 市區觀光時，就在 Calle Ancha 和 Calle Sierra Pambley 兩條路的交叉口看到號稱西班牙第一品牌 Valor 唯樂巧克力的店面。進去一看，幾乎每桌都點了巧克力和吉拿棒。既然我們都來了，當然要品嚐。我和 K 點了一份巧克力和吉拿棒組合餐，還有冰淇淋。雖然吉拿棒和巧克力都超級甜，但是想一想走了這麼遠的路，後面也還有一段路要走，

❶ ❷西班牙巧克力 Chocolatería Valor，如果有看到一定得嚐嚐

應該有本錢吃一下吧。老實說，甜歸甜，熱熱的吉拿棒沾上巧克力，熱量雖然爆表，但真是好吃。

三個城市，二個皮箱

　　因為這是路途中，所安排的第三個多停留一天的城市，也是一個較大型的城市。所以我們決定要採買一些巧克力和紀念品，我好像無法出國旅行，不帶任何伴手禮回台灣。不用多，但總是想帶點小禮物給家人朋友。所以這時候，第二個皮箱就出現了。

　　我們在飯店旁一家皮箱專賣店選購，店員很年輕，捲Q的長髮，明亮的雙眼，像個大洋娃娃般靈活秀氣，看到我們進門，竟又一口流利中文向我們介紹皮箱的功能。女孩說之前在北京、長沙和成都待過一陣子，目前也還持續學習中文，看來中文已經成為世界上越來越普遍的語言。看在說中文的

聖伊西多羅教堂

份上，就決定在這裡買第二個皮箱，反正人不親、語言親嘛！

這下子，我們的行李就變成 2 個皮箱，原本帶來的健行背包和大提包通通裝進去，隨意裝，任性買，完全沒有包袱（其實還是有的，因為有些旅館沒電梯，皮箱還是得自己搬，不能太任性）。

3 個城市的停留，讓我們在行走之餘，添增了市區觀光、購物解憂、朋友餐聚的不同樂趣。這些大城小事，建築、美食，也許此生一期一會，不知道何年何月可以再相逢？

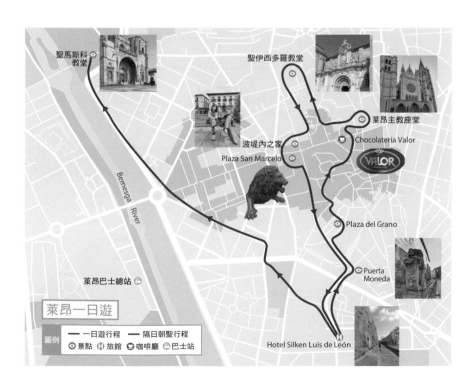

我 的 最 佳 旅 伴
Mr. K's note

山頂上的國旗徽章

　　行程中路程最短的一天是由 Las Herrerías de Valcarce 到奧塞布瑞依若 O Cebreiro，距離大概 8.5 公里。我猜旅行社這樣安排有兩個原因：第一是這段路程路雖短，但坡度較陡。如果直接繼續行進到下個目的地特里亞卡斯拉 Triacastela 大概還有 21 公里，加起來比較挑戰。第二個原因是奧塞布瑞依若 O Cebreiro 這個小鎮很漂亮，保存了幾個當地用茅草當屋頂、石頭做為牆壁的圓形古老建築，可以說是西班牙的合掌村。

　　這裡還有一個羅馬式教堂。據說是法國之路上最古老的教堂，不知是否為真。Tina 在門口蓋章時，神職人員聽到我們從台灣來，而且是由 SJPP 一路走來，開心地抓了一大把糖果放在她的手中，並祝福旅途平安。我們在捐獻後也點了一根紅蠟燭，希望旅途順利，也為全家祈福。

　　離開小教堂，在附近兩家紀念品店晃晃，並在其中一家買了幾個朝聖者手環。因為是東方面孔，通常會被認為是韓國人，加上歐洲離亞洲太遠，即使說是來自台灣，也會解讀為是中國來的。但這家店的老闆在我們結帳時，一聽到回答「Taiwan」，立刻拉開抽屜，送上 2 個神祕小禮物─西班牙和台灣的國旗徽章。

　　如果你有機會到奧塞布瑞依若 O Cebreiro，或許可以猜猜看：哪家才是有送神祕禮物的那一家？

國旗徽章

西元 9 世紀建造的聖瑪麗教堂 Church of Santa Maria

榮譽之橋

離開馬扎里夫鎮 Villar de Mazarife 前往阿斯托加 Astorga，途經奧斯皮塔爾德奧爾維戈 Hospital de Órbigo 小鎮，有一座中世紀橋樑，名為榮譽之橋 Puente del Orbigo Paso Honroso，背後有個傳奇故事。據說中世紀有位騎士愛上一位美麗女子，可惜美女拒絕他的告白，這位騎士失意之餘，在脖子戴上鐵衣領，自稱是愛的囚徒，並向國王提出，他將擊敗出現在這座橋上的所有騎士，並折斷 300 支長矛，只有當他做到之後，他才會把鐵衣領拿下。現在每年六月，榮譽之橋也會在此仿效中世紀舉行比武賽事。

看著橋上、橋下的風光，讓人想起 2001 年的一部美國電影《A Knight's Tale 騎士風雲錄》。雖然這部電影實際取景地點是在捷克的布拉格，但是眼前的石橋，不由得讓人聯想到希斯萊德在片中所飾演的男主角 William Thatcher。

William 是出身卑微的青年農夫，夢想成為一位優秀騎士。一次偶然的機會中，他冒充貴族，擁有參加比武的資格，接著展開一段精彩的長矛比武旅程。歷經千辛萬苦後，不僅贏得大賽，還獲得心儀女子的芳心。

我們雖然只有在橋上漫步走過，但電影中豐富熱鬧的場景，彷彿就在眼前一幕幕的上映，讓人久久不想離去呢。

這張海報列了朝聖之路途中，經過的各式拱橋

我 的 旅 行 筆 記
Mrs. Tina's murmur

海天一色的世界盡頭

　　雖然聖地牙哥大教堂是公認朝聖之路的終點站，但有趣的是，里程碑標示「朝聖之路 0 公里」卻不在此。「朝聖之路 0 公里」的位置，位在菲尼斯特雷 Finisterre，而另外一個 0 公里，則位在穆希亞 Muxia。有的朝聖者在抵達大教堂之後，會繼續往前步行約 2 ～ 3 天，來西班牙加利西亞海岸菲尼斯特雷 Finisterre，朝聖者稱為「世界盡頭」（The End of the World）。我和 K 則選擇參團方式，坐遊覽車前往，並有導遊帶領進行一天的行程。

　　第一站穆羅斯 Muros，是個小漁村，港灣裡有很多帆船歇擱，藍天白雲，相互輝映。

　　第二站埃薩羅瀑布 Cascada del Ézaro，清澈的流水傾瀉而下，和一旁巨大的花崗岩石交織成自然景致，湖面閃閃發亮。週邊還有舒服的步道及小徑，讓遊客可以輕鬆接近、近距離的賞景。

　　第三站菲斯特雷漁村港口 Porto de Fisterra。午餐的時間，附近有不少海鮮餐廳，來漁村當然要吃海鮮了，我和 K 在這裡大快朵頤，有特殊的「navajas」剃刀蛤和炸魷魚，味道鮮美。

剃刀蛤只需用橄欖油、大蒜和檸檬就非常鮮美喔！

穆羅斯 Muros 小漁村風貌

埃薩羅瀑布

第四站菲尼斯特雷角 Faro de Finisterre，這裡被認為是歐洲最西端的世界盡頭，也是 0 公里所在地。很多人會在這邊丟棄、燒毀身上的衣物和鞋子，象徵放下過去，重新歸零，迎向未來。

第五站穆希亞 Faro de Muxía，這裡有 3 塊被加利西亞人視為神聖的石頭，以及另一個 0 公里朝聖指標。這個像腎形狀的石頭，傳說鑽過去腎結石就會好，聽說治百病，我們雖然沒鑽，但有拍照。附近還有一座古老的教堂，不少人在前面欣賞海天一色的美景。

第六站馬泰拉橋 Ponte Maceira。這裡的房屋，保存了非常多中古世紀原有的樣貌，還有一座長長的石橋，午後的陽光，灑在橋上，有種幽靜舒適之感，是個美麗的小鎮。

一天的時間可以參觀這麼多地方，也不必用走的，挺值得的。如果結束朝聖之旅時有意猶未盡之感，建議可以多安排一天，來這幾個景點逛逛。

歐洲最西端的世界盡頭

穆西亞的神聖石頭和古老教堂

馬泰拉橋保留了中古世紀樣貌

流光飛舞，
瞬間即永恆

踏上 Camino 的最初，心情相當雀躍，雄心壯志的邁開腳步。不否認，偶爾腦子還是會想到一些工作上的繁雜事物，然後因為每天2、30 公里路程的辛苦，開始不得不聚焦在走路這件事情。專心思考如何讓自己每天走到既定的地點，日子就越發單純，走路、抵達旅館、洗澡洗衣、吃飯睡覺，然後又開始下一段路程。發現原來生活需要的真的不多，可以活得很簡單。

也許你會覺得這樣每天走路，有什麼好玩的，平凡單調的運作，出國旅行不是應該來點不一樣的？事實上，在看似平淡無奇的行走過程中，反而可以靜下心來，打開視聽味嗅觸五覺，細細品味身邊的人事物，真的是很不一樣。

世界上有太多的好人，只是我們常常忘記了

像是路上遇到標示不清楚、困惑該往左或往右走時，只要張大眼睛，東西南北的望一圈，稍加留意就可以看到前人留下來的痕跡。可能是家門口磁磚上的黃箭頭，可能是牆角的黃色油漆，或者是地

上石頭排出來的指示，貼心指數讓人莞爾一笑。

走在馬路上，經過的車輛總會減速且依照規定和人保持 1.5 公尺以上的距離。邁入鄉村，迎面而來的鄉民一聲聲親切的「Buen Camino」，彷彿揹起背包，掛上了貝殼，大家都是熟悉好友。印象中，路上看到的垃圾不多，不知道是因為經過的人較少，還是大家捨不得破壞乾淨的天地。

走出布哥斯 Burgos 那幾天遇到高溫時，整齊排列的青翠綠木，微風徐徐涼涼的吹拂，真的能夠體會前人種樹後人乘涼的善意，知道這是刻意栽種為朝聖者遮陽蔽蔭的林木。山裡想停下來吃點東西時，不難看到總有人貼心的把岩石塊堆疊成可以歇腳的椅凳。走著走著，某一天眼見前面的朝聖者摘了路邊的莓果食用時，突然理解為什麼路邊會有很多野生植物，多少無名氏擔心朝聖者取食不便，有充飢需求，於是為素昧平生的朝聖者們著想，栽種下這些可愛的果實。

台灣最美麗的風景是人，但走了朝聖之路後，覺得西班牙的風景和人也都很美。尤其路上小鄉鎮的居民，雖然只會講西文，但是不管用 Google 翻譯還是比手畫腳，總是能夠溝通。或許我們都知道今日一別，未來不會再相見，所以更加珍惜這種萍水相逢的緣分。不在乎性別、年齡，不需用熱情換小費，也不會欺負你不會說西文。微笑、點頭加雙手，一切都是那麼美好。尤其，很多奇妙的瞬間，現在回想起來，仍然感動到久久不能自已。

溫柔的祝福令我熱淚盈眶

牆上的彩繪，很有哲學味

慈愛修女的溫柔祝福

前往奧爾尼略斯德爾卡米諾 Hornillos del Camino 那天最是特別。記得那天走過一個小鎮，正在為房子牆壁上的愛因斯坦、甘地和曼德拉的彩繪感到讚嘆，步伐也漸漸走出小鎮，然後看到前方有棟古老簡單的建築，遠望過去看似教堂，但又有點像墓園。等到越走越接近，發現其實是個小教堂，望著門口後黑漆漆的一片，我的心中猶豫著是否要進入一探究竟，K 說：「我們進去看看！」

教堂內樸實無華，裡面比想像中的明亮，有著聖母瑪利亞和耶穌十字架的擺設，和幾張的木製長椅，天花板用好幾根木頭交織支撐著。身後突然有個溫柔的聲音響起，原來是一位年紀很大的修女，我們雖然聽不懂西文，但從她的手勢看出她要幫我們蓋朝聖者印章，並招呼我們可以拿教堂簡介。

我們一看幾種語言的簡介中，沒有中文，所以沒拿。她親切問我們來自哪個國家？「Taiwan ！」，她的表情顯現應該沒有聽過。修女看起來有 80 幾歲，完全不會說英文，但這並沒有造成任何的生疏或距離，她依然非常虔誠的撫摸著我和 K 的頭，手上握著一個用細繩穿過的項鍊墜子，正反面各有聖母瑪利亞和十字架的圖案，認真地用西文唸了一段祝福詞，大意是說：「神的慈愛庇護你們，讓你們在朝聖之路上一路平安，順利到達。」然後幫我們戴上項鍊，溫暖擁抱。

　　看著她嬌小的身軀、和藹慈愛的臉龐，想著她一輩子待在這個小鎮，為信仰奉獻一生，為每年經過入內的朝聖者獻上最真摯的祝禱詞，我感動到淚流不止。我想：來朝聖的人，有多少會真正進來這個小教堂呢？應該也很少吧！這麼一個毫不顯眼的教堂，卻是她認真守候和照顧著，並為每位有緣人獻上祝福。即使台灣這個國家聽都沒聽過，但她的聲音如此溫暖，祝福如此懇切，真真是令人一輩子難以忘懷。一直到拍合照時，我的眼淚都沒停過，激盪之感是從未有過的經驗。

　　離開後上網一查，才知道這個教堂叫 Ermita del Virgen de Monasterio，它是位於西班牙拉韋德拉斯卡爾薩達斯的天主教教會，小小的教堂有我深刻的感動，希望慈愛的修女別後無恙。

「噹～噹～」教堂上清澈的鐘聲

　　奧爾尼略斯德爾卡米諾 Hornillos del Camino 是個小鎮，鎮上沒什麼旅館，當天我們被安排在一家 Bar 前，等計程車接我們去鄰近的鎮上住宿，剛好 Leslie 也和我們同行。說是計程車接送，當我們 Check in 時，才發現原來他是司機兼民宿老闆。

　　前往民宿路上，看到不遠處有個教堂，所以入住時，Leslie 詢問老闆：「教堂有沒有開放？」，老闆一邊酷酷的回答「沒有」，一邊打電話，突然轉過頭來詢問我們想什麼時候過去看？原來他是在

Leslie 在教堂內屈膝祈禱

聯絡掌管教堂鑰匙的人。

「傍晚 6 點！」Leslie 回答，就這樣在傍晚 6 點，我們下樓集合，準備往教堂邁進。沒想到，這時卻看到一位女士 Nadi 帶著大鑰匙，身邊還有一位稍稍年輕的女士牽著一條狗陪伴而來。原來教堂只有星期六、日提供鎮上做禮拜使用，平日是不開放的，因為我們想看，所以老闆聯絡了負責看管鑰匙的 Nadi 帶我們前往參觀。

看著她拿著大大的鑰匙將門打開，推開大門，門後好像另一個神祕世界被打開，典雅古樸，Leslie 立刻往前方十字架前屈膝禱告，我和 K 則緩步參觀著整個教堂。Nadi 說著一連串的西文，Google 翻譯顯示她問我們要不要上二樓拍照，可以看到整個教堂內部全景。我們往旁邊的小樓梯爬上二樓，果然由上往下俯瞰，是不一樣的感覺呢。

等我們下樓後，Nadi 突然問我們三人要不要上頂樓的鐘塔。從來沒有到過教堂的鐘塔，當然連聲說好。就這樣我們爬著層層狹窄的樓梯，木板吱吱作響，上面還有些蜘蛛網，看得出來很少人上來，樓層比我們想像中的多，且越來越窄，爬得氣喘吁吁，感覺 Nadi 爬得也有點吃力。

上到鐘塔後，哇！真是太神奇了。塔上四方的窗戶用細細的網子遮著，應該是為了防止鴿子在此築巢，大大的銅鐘，還有繩子綁著敲鐘的木棒。Nadi 問：「想要敲鐘嗎？」我們有點驚訝：「真的可以嗎？」就這樣我們一個一個輪流上前，拉著長長的繩子，敲響教

堂頂樓的大鐘，「噹～噹～」清澈響亮的鐘聲迴盪在整個小鎮上，真是不可思議！

　　突然，樓下有聲音在呼喊著：「Nadi，你在哪裡？」原來 Nadi 已經高齡 82 歲，年輕的女士也有 70 歲，是 Nadi 排行最小的妹妹，她在教堂內看不到姐姐的身影，擔心的呼喚著。我們大吃一驚，面

輪流敲鐘，鐘聲在小鎮上清澈迴響

82 歲的 Nadi 是教堂大鑰匙的守護者

面相覷，想到剛剛的氣喘吁吁，不禁有點汗顏。雖然語言不通，但 K 很努力地用著 Google 翻譯和她交流。

　回程途中遇到鎮上的人，有人告訴 Nadi 有會說英文的年輕人可以協助，但 Nadi 拒絕，表示她可以和我們交流無礙。Nadi 一邊帶著我們逛著小鎮，一邊指著旁邊的老房子說：那是她和手足們出生、成長的地方，許多童年的回憶，但現在因為小鎮沒落，年輕人都跑去大城市工作，人口流失得厲害，只有在夏天暑假時，年輕人才會帶著孩子們回來鎮上探望老人家，就像她的妹妹也是住在別的城鎮，眼神流露著不甚唏噓的失落感。

　聽著她仔細地介紹著鎮上的建築，小時候是什麼模樣，現在又是這樣的光景，這個城鎮的故事在她的口中是一段甜美的時光，只是

一去不回頭，我想她內心對於年輕人的外流是既不捨，又無奈。負責保管教堂的鑰匙這麼多年，碰到我們這三個外來者，她想試著告訴我們關於這個小鎮的美好歷史和故事，對她而言，這也是第一次她決定用她的角色，為自己從小到大成長的小鎮做些事，雖然她也不知道自己到底想做什麼？她一邊帶我們回旅館，還一邊叮囑我們今晚得寫作業，告訴她這趟教堂和小鎮的參觀心得。

看到她認真的交辦回家功課，這可真的難倒我們，我們壓根不會西班牙文，再說，這輩子也不會再遇到 Nadi，沒交作業應該沒關係吧。但一想到 Nadi 陪我們爬上鐘塔，敲鐘，遇到鎮上的人質疑她帶陌生人上鐘塔敲鐘，一副泰若自然、不以為意的模樣，80 幾歲的她第一次和陌生人說了這麼多話，她覺得自己在做對的事，不在乎別人的批評。我真的不想讓她失望。

於是我拿起手機寫下自己在教堂敲鐘的震撼，以及感謝她的引領才有如此神奇的經驗，並翻譯成西班牙文，一筆一畫照著書寫。隔天我請老闆轉交給 Nadi，相信她能順利收到我們深深的感謝。

忘不了盲眼神父手背的溫度

倒數幾天，往帕拉斯德雷 Palas de Rei 時，當天霧氣很濃，一直到 10:00 都久久不散。整個路程不算難走，緩緩上坡的碎石路，偶爾穿梭在森林或是公路旁的小道上，微涼的風徐徐吹過，是個適合

健行的好天氣。途經一個小教堂，外面排著隊伍，湊近一瞧，發現教堂裡面有神父幫朝聖者蓋章，我們決定也湊個熱鬧。排著排著，不時從裡而外傳來神父爽朗的聲音與朝聖者開著玩笑，寒暄閒談，雖然完全聽不懂，但聽得出來，不少朝聖者被他逗得哈哈大笑。

　　等到比較接近時，我才發現神父的年紀很大，至少 80 幾歲，眼睛已經看不見了。所以蓋章時，必須握著他拿著圖章的手，蓋上印泥，然後往自己的朝聖者護照蓋上，圖章、日期章，一個一個，然後他還會送給朝聖者一張教堂祝福的卡片。

最後 10 公里的里程碑

　　輪到時，我有點緊張，小心翼翼地握著他厚實長繭的右手，聽著他的指令一個步驟、一個步驟完成，他看不見我，但口與手都熟稔的指導著，不曾停止。我凝視著他雙盲的眼眸，慈祥的笑容，心中澎湃不已。在這個小小的教堂，神父為朝聖者蓋朝聖者印章並傳達神的祝福，募集著朝聖者所捐獻的小零錢，為這小教堂整修粉刷。這讓我想到之前遇到的修女，二個都是畢生奉獻於信仰，都用天使般的溫暖傳達神的祝福。

緣起不滅的 Santiago

　　走到最後一天，隨著 10 公里的標示，知道真的是越來越接近聖地牙哥大教堂了。雖然中午時分剛經歷了一場大雨，但踏入城鎮之後，天氣逐漸放晴。地上有點濕，天空卻晴朗。穿梭在城市道路間，我的腳步隨著興奮期待之情，不自覺地加快。

　　當眼中出現聖地牙哥大教堂時，廣場上滿滿人潮，或站或坐，騎單車、步行到達的，瞬間一切彷彿都靜止，腦中一個個畫面呼閃而過，庇里牛斯山 10 小時的翻山越嶺、潘普洛納 Pamplona 的城門環繞、42 度高溫下的狼狽揮汗、大雨中的蹣跚而行，這些人、那些事，流光飛舞，瞬間即永恆。熱淚盈眶，心中激動不已，我們真的做到了。

　　在朝聖者辦公室，蓋下最後一個章，打開朝聖者護照，72 格代表

著經過的景點、旅館、酒吧，每個印章的圖騰也都呼喚起記憶，憶起每個地點的景致和特色。朝聖者證書有二份，一份寫下名字，一份記錄著走過的公里數，779 公里。其實朝聖之路怎麼完成的，只有自己心裡最清楚，這份證書的意義是自己定義的，不是為了炫耀，而是代表超越了某個里程碑後的豁然天地。

　　Camino ！放開心胸感受路上的每個瞬間，然後會發現在這條路上，風景是風景，旅館是風景，餐點是風景，人更是最美的風景，每一刻的感動都是緣起不滅。

朝聖之路的終點站

朝聖者護照上每一張都是回憶

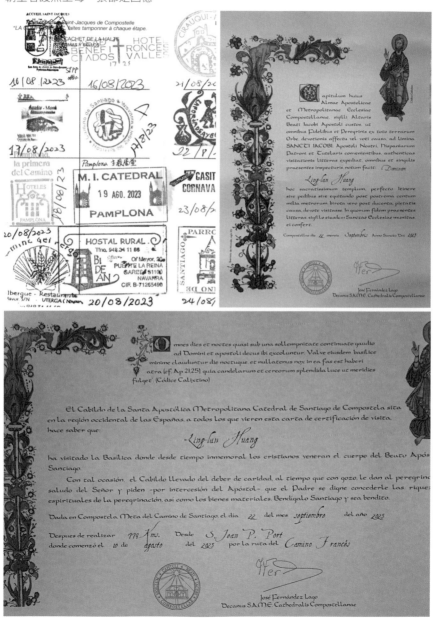

二份證書，一份寫著名字，一份標註著 779 公里

我 的 旅 行 筆 記
Mrs. Tina's murmur

碎石小徑上的蠟印藝術家

當然，我的朝聖者護照，每一格都是填滿的，甚至連備用的那本都蓋了 30 幾個。蓋章有點像是打卡，有些印章是單調的刻著旅館或是餐館名字，有些印章則很特別，旁邊可能還會有教堂或是設計的圖形。當初得知在寬恕之峰上有個攤販會用蠟油製作印章，滿心想著一定要蓋上一個。沒想到走到之後不見其影，內心有點失望。

倒是最後前往埃爾武爾戈拉內羅 El Burgo Ranero，在緩緩上坡的碎石路邊，看到了用蠟製作印章的小攤販，我喜歡稱他「蠟印藝術家」。我和 K 各選了一個圖案，他很用心的淋上熱蠟製作和描繪，不期而遇的驚喜，真好！

還有一次是往阿爾蘇阿 Arzúa 的路上，突然看到很多人圍著一台警車，心想不會是有意外發生吧？一走近，才發現原來是警察開著巡邏車來幫大家蓋章，高俊挺拔的警察親切熱情的招呼著朝聖者蓋章，深深覺得西班牙的警民服務做得真特別。

在路上看到了用蠟製作印章的小攤販

我 的 最 佳 旅 伴
Mr. K's note

半程證書

走到薩阿貢 Sahagún 前，從網路上得知薩阿貢 Sahagún 有個博物館的辦公室可以取得走完半程的證書，但因為辦公室離主要步行之路約 6 分鐘，所以我問 Tina 要不要繞過去拿？當時 Tina 毫不猶豫的回答：「不拿！」一方面不想繞路，一方面霸氣的覺得要拿就拿全程的。

結果到了薩阿貢 Sahagún，因為時間還早，在城市閒晃之際，意外走到一個教堂改建的博物館，進去參觀買票，竟被售票人員詢問名字和護照。原來這裡是辦理半程證書的辦公室，我們就這樣偶然的拿到半程證書，真的是得來全不費工夫啊！哈，好像不能這麼說，得來也真的是費了走 300 多公里好大的功夫啊！

我的半程證書

Santuario de la Virgen Peregrina
（薩阿貢辦理半程證書的辦公室所在地）
地址：C. Arco de San Francisco, 12H, 24320 Sahagún, León, Spain
營業時間：週一～日 09:30 ～ 14:00、16:30 ～ 19:00
電話：+34987780001

第三篇

Camino之後，餘波盪漾

回來之後，日子好像又一樣。

卻又隱隱約約，覺得改變了些

什麼……

有些體悟沉澱發酵著，迴盪在

生活中……

Camino，讓我後來的人生，

有什麼不一樣？

後來的我們，
我們的後來──by Tina

　　我們從 Camino 回來了，然後呢？

　　回到台灣之後，休息幾天，又開始上班，重新回到忙碌的生活，日子看起來好像沒改變什麼，卻又隱隱約約，改變了些什麼……

　　知道我們回來的朋友，除了恭喜我們順利完成挑戰外，常常會問我們：「現在是不是每週都去走路、爬山呢？」坦白說，一回來休息了幾天，肉腳魂立刻上身，假日完全不想動，只待在家，連附近的十八尖山都懶得去，打定主意要休兵的，每次都用 Camino 做藉口，779 公里都已經走完，就暫且饒了我吧！結果大約足足有 3 個月的週末，我都躺平在家，哪兒也沒去。

　　人真的很微妙，想起當初決定要走 Camino 時，努力鍛鍊，每週練習走路也不以為苦，怎麼一完成，就全然懈怠，完全躺平呢？但是心裡很自在的，覺得「要你管！」，我就想暫時躺平一下，有什麼不可以，Camino 都走完了，我知道，有時的躺平是在等待下一次的奮起。我不需要一直都很努力的！

　　翻著照片，我會突然想起在 Camino 的時光，還有一些靈光乍現的觸動，想起走在前往弗羅米斯塔 Frómista 的原野小徑，疲累不

整個餐館常常只有我們二人是東方臉孔

堪的我，遠望看到一座小小鐘樓，知道小鎮就在前方，卻怎麼也走
不到。然後發現，世界上最遙遠的距離，是我看得到你矗立在那裡，
卻怎麼也走不到你的城裡。後來每次看到前方的小樓房，都知道別
高興得太早，至少還要 1 ～ 2 小時，才能到達，學會認清事實之後，
心裡好像好受多了。

　想起在行程中的餐廳，常常望過去，都是歐美人士，我和 K 是其
中鮮少見到的東方面孔，往往踏入餐廳，都會引來不少注目的眼光，

剛開始會有點不自在，久了反而覺得好玩，其實很少接觸到東方人的西班牙人，也是忐忑的。尤其是在偏僻的鄉間小 Bar 休憩時，會思考著：若不是來走 Camino，這輩子怎麼可能夫妻二人坐在這鳥不生蛋的鬼地方，愜意地喝著個咖啡或啤酒，享受一地陽光呢？

旅行其實可以有很多方式

這條路，有很多朝聖者獨自前來，也有像 Chloé，先自己走，最後 100 公里先生再會合一起走。還有加拿大的 Joan，今年開始嘗試和先生分開旅行，她先來走 Camino，回去之後，換先生去哥倫比亞 6 週，然後春天時，二人再結伴去墨西哥找朋友，反正都退休了，不必非得綁一起，喜歡的、不喜歡的，獨自的、或是結伴同行的，通通都可以。

記得有一次去土耳其旅行時，同團有位女士，是自己來的。她表示過去習慣和先生結伴出遊，近年看到身邊有些朋友因為驟失另一半，無法獨自出遊，只能待在家中，鎮日悲傷。所以她和先生決定開始練習，偶爾各自參加旅行團，一個人出來玩，學習自己照顧自己、練習孤獨。

存在心理治療大師歐文‧亞隆曾在書中提及「死亡、自由、孤獨和無意義」是每個生命都會面臨的 4 項既定事實、無可迴避。每個朝聖者，可能都身處在人生的十字路口，並不一定是現在不好，而

是想探尋未來還有哪些選項？但因為世界充滿分散注意力的生活，所以很難讓人靜下心去思考、去面對。只有人們可以進入孤獨、安靜和脫離這些日常會分散我們注意力的生活，才能深刻反思自己在世界上的處境，人我的存在、人我的界線、人我的可能性。Camino 提供了這樣的一個時間和空間。

何其榮幸，踏上旅程

我想起最後 100 公里的路，人潮熱鬧非凡。前段看到的是健行鞋，後段看到的是 Nike、Adidas，甚至還有夾腳拖；前段看到的是朝聖者的大健行包，兩旁掛著拖鞋或布鞋，晃啊晃，後段的背包太過閃爍、時髦漂亮；即使穿著休閒，但從 Puma、Under Armour T 恤，還是可以一眼看出「不是從頭開始走的」。

同樣是吃點心、喝飲料，但他們展現出來的姿態是：「我是主角，我來 Camino 走路、消費，拿證書！」。

若是從頭開始，一路走來的朝聖者，會越走越謙卑。知道自己何其幸運，一路到此，是承受著多少人的祝福和幫助，感受到上天滿滿的眷顧，是 Camino 讓我們有此榮幸，踏上路程。

何其榮幸，踏上旅程，何其榮幸，生而為人！

後來的我們，我們的後來，歲月靜謐而美好。

我變，我變，
我變變變！──by Mr. K

　　到達法國的 SJPP 時我們先停留了一天，穿著短袖、短褲悠閒地在附近走晃，路邊餐館露天陽傘下，吃個輕鬆的午餐。

　　晚上回到旅館後，發現不得了，午餐時我的整個左腳因為曬太久的陽光，整個紅腫。記得多年前去希臘時，因為烈日太猛，意外地觸動身體的某個機制，讓腿部整個紅腫、甚至瘀黑，後來我只要在太陽下曬太久，就會莫名其妙地啟動這個機制。想不到這次曬不到 1 小時就發作。

　　因為隔天要展開庇里牛斯山的行程，我趕緊冰敷、擦藥。第一天雖然穿長褲，走完後還是整個左小腿和腳踝紅疹一片。第二天，有些地方已經因曬傷而長水泡，甚至破皮。更慘的是，第二天我開始咳嗽，該不會是來到國外，沒戴口罩得了新冠吧！

　　雖然第三天紅疹和咳嗽沒有惡化，刷牙時卻發現嘴角長水泡。所幸第四天，疹子和咳嗽好轉，嘴角長水泡之處，則破掉流血。第五天攝氏高達 40 度以上，長褲悶著熱汗，進旅館時，發現大腿內側的水泡痛到根本碰不得，擦了消炎藥後，隔天還是超級嚴重，只好塗一層凡士林，像鴨子走路、兩腳外八方式前進。

　意想不到的是，雖然穿著長褲、手臂戴著袖套，烈日似乎總能穿透衣服，第七天，我的左側肩膀、手臂和手掌都長疹子（從來沒有想過，我會因為在北半球的夏天往西走，大部分時候，太陽是在左側而曬傷）。

　奇怪的是，老婆 Tina 除了體力不太夠，一切 OK。每天穿著短褲，不戴袖套，有時索性連帽子也懶得戴，什麼問題都沒有。還好，被關心和嘲笑七天後，我這一大堆症狀逐漸舒緩、過關。之後二天連續走 30 公里，快到旅館時，Tina 突然說腳踝不舒服，本想我們梳洗休息一下，再去吃晚餐。結果洗完澡後，她說腳痛得沒辦法走路。這下麻煩了，我可以揹所有的行李，但是我揹不動她啊！

　趕快用 Google Map 尋找最近的藥房。一進藥房，店員看到她走路的步伐，一副小 Case 的表情，開始介紹口服和外用的各種解方。小孩才做選擇，我當然全部都要。店員貼心提醒三次說：「選一種就可以了！」我還是堅持全都要，因為寧可多花一點錢，也不要冒著揹老婆的風險。

　第八天，我自豪地說：「從現在開始，所有走路的配備都交給我，妳只要照顧好自己就好了。」正當我得意地走完回到旅館，等著她說感謝或崇拜的話時，她竟然說：「你的右眼怎麼又有血絲？這是逞強的結果嗎？」英雄變狗熊！右眼微血管破裂、血絲擴散。

　第九天，我擦凡士林、她擦消炎藥，二人還是順利地走完當天路程。回到旅館，Tina 襪子一脫，發現小腿和襪子的交接處長出疹子。

其實這個問題之前在台灣練習走路時發生過，當時她鐵齒的說沒關係，我一直說服她去看皮膚科，準備個藥品也好，她才勉強去拿了口服和外用的藥。這次發作，還好有藥在身邊，終於輪到我來說嘴，哈哈哈！

第十天，我的大腿疹子已經快消失，右眼血絲也慢慢消退，買了KT-tape依照YouTube影片幫Tina貼腳踝，一切狀況都在掌握中。另外，也聽Leslie的建議，買雙Keen鞋子。每天走完2/3的路程後，Tina就換上這雙鞋，讓腳趾放鬆，也改變受力的點（因為受限於背包的空間，只有帶一雙Keen的鞋子）。

學習和身體對話，量力而為

我把兩個人的一日所需配備放進大背包。相較於原先的小背包，大背包的支撐力好，臀部還有固定的腰帶，走起來較不費力。但是，揹2、3天後，我的敏感肌膚又抗議了。臀部兩側因為悶不透氣，開始長出小紅疹，歷經前幾天的考驗後，這些疹子我根本不放在眼裡，幾天後，所有疹子都退散！

我隱約感覺到，這些好像是身體在對我說話。在台灣因為平時的作息與活動大都已經定型，運動或活動的內容也大都一致，所以身體承受的部位和力道相似。這次走Camino算是改變較多，不僅力道加大，時間也加長。

❶烈日下的影子 ❷行走在蓬費拉達 Ponferrada 的路上，即將走出城門

　　我猜，或許身體在承受比平常更大負擔時，會起一些反應，貼心提醒主人要好好照護自己。如果主人繼續維持原先的做法，身體通常會產生兩種反應。一種是在可負荷的範圍內放棄抗爭，想辦法適應新的挑戰，然後症狀逐漸消失。另一種是身體無法負擔，直接棄權。輕則起水泡，重則受傷或成為以後的宿疾。

　　看來走路和運動，還是要視狀況量力而為，連命都不要的在網球或籃球競賽中拚搏，只能留在動漫裡去熱血。現實生活呢？工作呢？認真努力和拼命而為，還是有一線之隔的，Camino 讓我重新思考這條線應該放在哪個位置？

每天都是嶄新的開始
——by Mr. K

打掉重練的每一天

1993 年 的 美 國 喜 劇 片《Groundhog Day 今天暫時停止》，故事描述氣象播報員菲爾，連續 4 年採訪一年一度的土撥鼠日，來到鄉間的他，有點職業倦怠，對任何事情都充滿嘲諷不滿，只想敷衍了事。活動草草完成後，大雪來襲，只得在小鎮多留一天，沒想到隔天醒來，菲爾便開始一直被困在這天、日日重複。

走朝聖之路時，前一天不管走再遠的路，隔天還是要重新開始。某種程度就好像電影一

敲著石板路的「扣！扣！」聲，
有種莫名的療癒感

樣，睡一覺起來後，又再重複一樣的事。好像不管昨天走了多少路，還是得乖乖的抬起腳、走今天的路。無論昨天晾衣服多方便，晾衣繩綁得多理想，到了旅館，還是要重新想想怎麼做。前一夜的旅館舒適、晚餐可口，但若是今天的住所沒冷氣，還要想想怎麼在白天42度曬過的烤箱房間中入睡。

目標的達成：切成一個個小目標就容易執行

想到要走 700 多公里的路，的確讓人擔心和怯步，但是如果把它切成只要專心走好當天的 20 ～ 30 公里，好像就沒那麼困難。

在台灣，大部分的人，年輕時目標（或是說父母給的目標）都算明確。不外乎考高中、升大學，或者再加個研究所。出了社會後，除希望能找到理想工作外，接著就是成家立業、買車買房，賺錢存錢、早早退休，做自己喜歡的事。即使已經到了某個階段，但往前一看，財富自由的目標，好像永遠都那麼遙不可及，永遠都走不到，於是會陷入一種焦慮狀態。

走朝聖之路則不同，雖然每天的目標只是走到目的地，但這麼簡單的目標，對由小到大被訓練到充滿奴性的我來說，好像心靈得到某種解脫。不用太管以後，here and now，只要注意行程、天氣、景點、吃的喝的，完成當天的目標就好棒棒，不用再去操心其他的事情。

當有明確、有挑戰的重要目標在眼前時，其他不相關的事，也就不在乎了。不用去管股市的漲跌，也不清楚國外的戰爭打得如何。只要我水量帶得足夠、蔬菜水果有吃到，上廁所不要掉進水溝，順利走到，一切都不重要。

「人往往想要的太多，需要的太少」，好像真的能體會到這番道理。回到日常生活裡，我是否也應該練習把目標切得小一點，放得近一點，吃得下、睡得著、大得順、笑得出來，這樣快樂也變會得容易。

在台灣時，每天早上起床上班，雖然說不上痛苦，但也很少覺得期待。說也奇怪，明明走 Camino 時，應該會想賴床或抗拒出門，但我反而對於每天起床出門充滿期待。本該是枯燥乏味又辛苦的事，心裡卻覺得輕鬆又自在。

尤其是幾次在天微亮時，吃完早餐後出發，看著逐漸明亮的天空，聽著 Tina 的登山杖在前面重複又單調的敲著石板路的聲音，「扣！扣！」，很療癒，彷彿我們正輕敲著大地，試著喚醒一切！

用「心」翻開生活的篇章

每天可以是嶄新的一天，也可以是重複無聊的一天，如果覺得上班日子單調平淡，只想趕快來到週末假日，到了假日卻又懶得出門，只宅在家裡追劇、滑手機。停滯的心，會讓人過著貌似不同，卻是

但行好事，莫問前程，邁開步伐往前進

同樣的生活。每天都是個選擇，即使知道明天還是會一樣，卻還是認真過好今天，好好走路、好好吃飯、好好睡覺。

　但行好事，莫問前程。珍惜每一天所遇見的人事物，我想不管在Camino，或是回到臺灣，都能為自己帶來嶄新的開始！

你的天馬行空，
我的心跳撲通──by Mr. K

　　每次我的老婆大人 Tina 都會來個突發奇想的點子，多年來，我已經練就一身功。通常一開始我會聽聽就好，然後冷處理，如果她當真，那我就得開始行動，這次也不例外。聽到 Tina 提出想要去走 Camino，我心裡想，這次又是她從哪裡看來的點子，應該只是說

房子窗台邊的擺飾上也不忘祝福：「Buen Camino」

說而已。尤其我們已屆熟齡，又是肉腳，怎麼可能？但後來看她越來越當真，當然也就不可輕忽了。

走 Camino，我的心態也和爬庇里牛斯山一樣，上上下下經歷了7 個階段，下面就和大家分享吧！

沒想到我們還真的完成 Camino，而且還有機會化成文字來分享，這是我從未料想到的。

誰說熟齡者就不能做夢？熟齡了就不能有夢？人生處處是驚奇，不是嗎？

	Tina	階段		心態	行動
1	老婆提出想法（2022 年底）	混沌不明	不想面對	可行嗎？ 老婆的一時興頭上？ 用講得比較快！	先等看看 有空看一下網路資訊
2	老婆確定要去	了解狀況	勉強面對尚未接受	好像很難？（住庇護所） 容易受傷？ 交通怎麼辦？	買書 聯絡旅行社 看 YouTube 資訊
3	老婆開始 push	進入狀況	開始接受冷處理	應該可行 許多細節要確認 走路會有很多變數？	與旅行社確定行程 老婆排開工作 訂機票（新冠後山國爆發）
4	要求老婆運動 & 買配件	開始行動	開始處理	認了吧，我們就去吧 新冠會再起？ 不管了，反正運動也是好事	定期運動，準備保養品 週年慶買配件 準備相關藥品
5	真正要開始走囉（2023 年 8 月）	執行與調整	認真處理	頭都洗了，出發吧！ 兵來將擋，水來土掩！ 我們要有信心！	注意天氣，不要生病 注意身體，不要受傷 用更快更簡單的方式做事
6	完成 Camino	完成	達標	我們雖然肉腳，也不賴！ 雖然問題多，還是一一克服！	整理 IG 以供回憶
7	回家	省思回想 & 下一步	放不下？	我們能，大家也能！ Camino 不是只有一種走法 有機會分享給大家嗎？	我們來出一本書！

我的老爸、老媽和 Camino——by 小女兒 阿咩

　　我是阿咩，是家中的小女兒。身為見證老爸、老媽一路從下定決心走 Camino，到回來曬成黑炭、長出小腿肌，我想以一個見證人的角度跟大家分享。

熟齡也瘋狂

　　依稀記得是老爸在視訊通話時跟我提到朝聖之旅，一開始的我以為這是一條很短的路，就像到國小操場快走一樣的悠閒愜意、公園溜狗散步一樣的輕鬆自在，壓根沒想過是條長達 779 公里的路程，平均一天 20 幾公里，而且還是在地形不一、天氣多變的環境。是老爸跟我簡單介紹後，我才知道，這個朝聖之旅的長度跟難度，可不是家裡附近的小山丘健行可以比擬的。

　　1 個月後，老爸跟我說他已經跟老媽確定好時間，也請旅行社開始預訂機票住宿，並準備購買健行裝備。老爸的行動力我倒不驚訝，但讓我最驚訝的是，老媽竟然決定要去？確定耶？700 多公里，我說呀，老媽妳，走不動的話老爸可是揹不動的！不過聽說有些路段

有計程車，應該沒問題吧？唉呀，原來這就是「熟齡的瘋狂」嗎？

看著他們真的飛到西班牙，從起點一步步的走到終點，日曬苦照、風吹雨打、腳痠背疼，依然破風前行。《破風》裡有句話：「風在前，無懼。」所謂的無懼並非魯莽地無所畏懼，而是明知路途艱難，還是想奮力拚搏的心態。逆著風，他們追逐的不是終點和證書，而是一個夢想。在迎接他們踏入家門的那刻，我看到的，除了黝黑的肌膚和結實的肌肉，更重要的是，那頂著疲憊卻心滿意足的神情。

「歡迎回來！」在他們卸下行李後，我給予他們最大的擁抱，坐在餐桌上，聽著老爸老媽分享他們路程中的趣事。

沒試不知道，一試成主顧！

有天老爸支支吾吾地問我，一副深怕會被取笑或責怪的樣子。於是我就大方地拍胸脯說：「沒事！有甚麼問題，盡量問！」殊不知，老爸是想問我有什麼簡單好上手的方式，可以記錄他們走路的過程。我想到 IG 的限時動態 (story)，可以拍下照片或影片、標註地點，系統也會自動記錄日期，省事又方便！

所以，我就一步一步帶著老爸操作，從拍照、拍影片、打字、標註地點、發送，我一步驟，他一步驟的操作。等確定熟悉後，他再練習全部自己操作一遍。最後確認都沒問題後，因為擔心老爸如同金魚的記憶力，深怕他明天就忘記，還補充跟他說，「到時候有問

題，儘管問！」讓他可以徹底放心。

誰知道，老爸一出發去 Camino，直接限時動態大放送，一個接著一個發，不亦樂乎，每天至少 2、30 個起跳。不只如此，等熟悉操作之後，還自己找到怎麼加音樂到動態中，此後，每個動態都會搭配情景配樂。

累的時候，就來點張學友的《擁抱陽光》；凌晨，就來點鄭怡的《微風往事》；天暗的時候，就來點林俊傑的《黑夜問白天》，有老媽在的影片，就來點王心凌的《愛你》。不知道應不應該說老爸真會融會貫通、舉一反三呢？

沿路有很多雕塑，鼓舞著朝聖者

真的，還是假的？
——by 大兒子 小哥

聽到老爸老媽第一次提到打算走朝聖之路時，第一個想法是：「開什麼玩笑？這兩個肉腳！」等到真的看到兩位從規劃、訓練體力、出發、最後堅持走完後的感想則是：「開什麼玩笑，竟然真的走完了？」

記得他們回台灣前，我與他們在阿姆斯特丹相聚時，看到至少黑了 3 個色號的老爸和老媽，心中的不敢置信，難以用文字表達。近 2 個月，數百公里的徒步旅途真的被他們完成，除了不真實感外，心裡也挺驕傲的——說白了，的確沒幾個人會在 50 幾歲時，腦袋一抽，決定跑去走幾百公里的路吧？

聽著老爸老媽分享旅途中的趣事、認識的新朋友、種種的體悟，真的很替他們開心。看到他們願意在這個年紀，勇敢走出舒適圈、挑戰新事物，更是打從心底為他們感到驕傲。

誰說熟齡要認份、安份和守本份，我家這二位正努力探索生命的可能性，展開青春的另一篇章呢！

下一站，去哪兒？
——by Tina

　　有人說，旅行就是從你自己活膩的地方，去到一個別人活膩的地方。也有人說，旅行就是帶回一個和出發時不一樣的自己。

　　以前旅行，總愛開心地沉浸在不一樣的國家和文化，看古蹟，看地標，看美景，喝咖啡吃美食，享受一種全然的放鬆。然後隨著多次的出國，慢慢理解到，不管在旅遊時光裡如何的快樂，終究還是要回歸現實生活，重點是，如何把旅行的體悟，化為生活中一點一滴的體悟，進行改變。

　　於是，當我到法國，看到夜晚有人坐在家中的露天陽台，喝酒看夜景；或是歐美人士，喝咖啡時，習慣座位往外坐，順便看人來人往，熙熙攘攘的忙碌街道；甚或是到瑞士那一年，坐著火車，穿越阿爾卑斯山和馬特斯洪峰，眼見窗外結伴而行的健行者，拿著登山杖，繞著山中小徑，行走著，內心都有一股羨慕，想著：「有一天，我也要和他們一樣，用走路，欣賞綠草如茵、如詩如畫的自然風光，看身邊的牛羊成群。」

　　原以為，年歲漸長，這早已成為遙不可及的夢想，諸不知，過去旅行的片刻感受，早已在心裡層層的堆積、發酵，只是在等待恰當

的時機，蓄勢待發。

　　Camino 應該是我多年來旅行意義的累積，終於，我也拿著登山杖，邁開步伐，完成夢想，展開一場徒步的旅行。

　　來了 Camino 之後，我才發現，原來用走的和坐巴士前來的感受，真的很不同。

　　記得在費羅十字架時，遠望藍天，看到十字架上滿滿的照片，底下層層堆疊的石頭，有人靜靜在祈禱，有人在一旁寫著卡片，內心澎湃激動。我和 K 特別將從台灣帶來的卡片，寫上和平祝福，掛在十字架，感謝這一路給予協助支持的家人朋友，讓我們得以在此。

　　當我花了將近 5 小時下山時，回頭望望自己爬過的一座一座山，曲折綿延的小路，有時綠林，有時草叢有時花，有時岩石，有時陽光有時霧。遠望群山繚繞，看著一條條穿梭其中的山路，那是我們

費羅十字架，寫下卡片，祈願國泰民安

今天走過的路，突然每條路都變得好可愛，這整片山都意義非凡，我的生命擁有了一座山！

原來，走路是會上癮的

　　Marcus 有次聊天時，談到路上偶遇過一個 77 歲的女士，走了 Camino 7 次，他覺得很不可思議。我也覺得不可思議，會什麼一段同樣的路，要走 7 次？然後，我遇到奧地利的 Navaja 走了 11 次，來自佛羅里達的夫妻走了 5 次，介紹我們去薩莫斯 Samos 和吃牛肉的西班牙夫妻，也走了 3 次，我突然開始理解，走 Camino 是會上癮的。

　　回到台灣，有時看著人來人往的街道，車子好多，人好擁擠，我的心就像被丟了一塊石頭，起了陣陣漣漪，好不平靜。這時，我會閉上雙眼，夢回 Camino，手上握著登山杖，前方一望無際，看不到任何人影，有時是麥田，有時是排列整齊的橄欖園，而我一個人，踽踽獨行。天高地闊，惟我一人。

　　我知道，我會再回來的，也許是徒步走其中的一段，也許是搭計程車或是開車，但我知道，我會再回來的，因為經歷過這一次，我知道我擁有無限的可能，我可以用不同的方式，重回 Camino。

　　　　無論是 後來故事 怎麼了
　　　　也要讓 後來人生 精彩著

親愛的

回憶我們共同 走過的曲折

是那些帶我們 來到了這一刻

讓珍貴的人生 有失有得

用新的幸福 把遺憾包著 就這麼朝著 未來前進了

五月天的歌，我輕輕哼著。

朋友問我：「下一次，打算去哪裡呢？」這真是個好問題。我也問自己，下一次，下一站，打算去哪裡呢？

不知道你問的是走路，還是我的人生。我還在思考著答案，但我知道，我已自由……

Camino 是我多年來旅行意義的累積

不必吃苦！跟庇護所、吃不好說Bye，肉腳0基礎也能好好體驗

55歲第一次走朝聖之路，用自己的方式輕鬆完成

作者黃玲蘭
主編王藝霏
責任編輯吳佳臻
封面設計文月
內頁美術設計文月

執行長何飛鵬
PCH集團生活旅遊事業總經理暨社長李淑霞
總編輯汪雨菁
行銷企畫經理呂妙君
行銷企劃主任許立心

出版公司
墨刻出版股份有限公司
地址：115台北市南港區昆陽街16號7樓
電話：886-2-2500-7008／傳真：886-2-2500-7796／E-mail：mook_service@hmg.com.tw
發行公司
英屬蓋曼群島商家庭傳媒股份有限公司城邦分公司
城邦讀書花園：www.cite.com.tw
劃撥：19863813／戶名：書虫股份有限公司
香港發行城邦（香港）出版集團有限公司
地址：香港九龍土瓜灣土瓜灣道86號順聯工業大廈6樓A室
電話：852-2508-6231／傳真：852-2578-9337／E-mail：hkcite@biznetvigator.com
城邦（馬新）出版集團 Cite (M) Sdn Bhd
地址：41, Jalan Radin Anum, Bandar Baru Sri Petaling, 57000 Kuala Lumpur, Malaysia.
電話：(603)90563833／傳真：(603)90576622／E-mail：services@cite.my
製版藝樺彩色印刷製版股份有限公司
印刷漾格科技股份有限公司
ISBN978-626-398-013-6‧978-626-398-017-4（EPUB）
城邦書號KJ3001 **初版**2024年5月 **二刷**2024年6月
定價450元
MOOK官網www.mook.com.tw
Facebook粉絲團
MOOK墨刻出版 www.facebook.com/travelmook

國家圖書館出版品預行編目資料
55歲,第一次走朝聖之路,用自己的方式輕鬆完成：不必吃苦!跟
庇護所、吃不好說Bye,肉腳0基礎也能好好體驗／黃玲蘭作. --
初版. -- 臺北市：墨刻出版股份有限公司出版：英屬蓋曼群島商
家庭傳媒股份有限公司城邦分公司發行, 2024.05
272面；16.8x23公分
ISBN 978-626-398-013-6(平裝)
1.CST: 朝聖 2.CST: 遊記 3.CST: 西班牙
746.19　　　　　　　113004585